发展农民合作社的新探索

——世行贷款贫困片区产业扶贫试点示范项目案例集

中国国际扶贫中心 ◎ 编

企业管理出版社
ENTERPRISE MANAGEMENT PUBLISHING HOUSE

图书在版编目（CIP）数据

发展农民合作社的新探索：世行贷款贫困片区产业扶贫试点示范项目案例集／中国国际扶贫中心编．—北京：企业管理出版社，2023.11

ISBN 978-7-5164-2992-1

Ⅰ.①发… Ⅱ.①中… Ⅲ.①世界银行贷款—农村—扶贫—案例—中国 Ⅳ.①F323.8

中国国家版本馆CIP数据核字（2023）第226288号

书　　名：	发展农民合作社的新探索——世行贷款贫困片区产业扶贫试点示范项目案例集
书　　号：	ISBN 978-7-5164-2992-1
作　　者：	中国国际扶贫中心
责任编辑：	解智龙　宋可力
出版发行：	企业管理出版社
经　　销：	新华书店
地　　址：	北京市海淀区紫竹院南路17号　　邮　编：100048
网　　址：	http://www.emph.cn　　电子信箱：emph001@163.com
电　　话：	编辑部（010）68701638　　发行部（010）68701816
印　　刷：	北京厚诚则铭印刷科技有限公司
版　　次：	2023年11月第1版
印　　次：	2023年11月第1次印刷
开　　本：	710mm×1000mm　1/16
印　　张：	11
字　　数：	115千字
定　　价：	88.00元

版权所有　翻印必究　·　印装有误　负责调换

编 委 会

主　任：刘俊文
副主任：接　萍　骆西宁　吴　坦　吴　震　王正洪
　　　　高　松　张伟明

编写组

成　员：童　朗　吕申申　赵美艳　周　梁　汤闻博
　　　　石　羽　苟天来　王军强　彭　慧　王丹措
　　　　张　玲　邹黔柱　李　昊　申小云　周洪强
　　　　刘玉松　韩科伊　唐　庆　许东昭　何秀文

前　言

　　世界银行贷款贫困片区产业扶贫试点示范项目（以下简称世行产业扶贫试点示范项目）自 2012 年开始设计，2015 年 9 月启动实施，至 2022 年 6 月项目竣工，整个项目周期历时 10 年。项目以"产业扶贫"为主题，在脱贫任务重、攻坚难度大的四川、贵州和甘肃三省实施。

　　世行产业扶贫试点示范项目的实施范围包括四川和贵州的乌蒙山片区，以及甘肃省六盘山片区，共 10 个市（州）、27 个县（市、区）、206 个乡镇、587 个行政村。该项目共使用世界银行贷款 1.5 亿美元，实际总投资近 19 亿元人民币（其中四川 6.37 亿元、贵州 5.04 亿元、甘肃 7.57 亿元）。经过各级党委政府、项目区干部群众和世界银行专家的共同努力，项目的预期目标全部实现，5项核心指标均达到或超过目标值：项目受益人口达到70万人；盈利合作社比例达到了71.2%；项目村农户家庭年人均农业纯收入由基期（2014年）的686元增至竣工期（2021年）的4775元，增长6倍；项目合作社的管理有效性超过目标值；项目区群众的满意度达到97%。世界银行独立评价局将项目定级为"满意"项目。

  世行产业扶贫试点示范项目的目标是探索农业产业价值链发展模式，促进项目区农户公平地组织和参与，实现项目区农户的可持续增收。在实践中，世行产业扶贫试点示范项目突出体现在以农民专业合作社为依托，引导农户开展合作与联合，扶持农户自发建立以市场为导向的农民专业合作社，鼓励农户深入参与农民专业合作社的产业活动，通过向其提供商业辅导、要素赋能等社会化服务，提升产业发展的组织化程度，完善联农带农机制，建设与产业发展相配套的基础设施，延长产业链、完善利益链、提升价值链，实现项目区农户特别是贫困户可持续增收。

  世行产业扶贫试点示范项目的圆满竣工为下一步推广试点过程中形成的好经验打下了坚实基础。本书选编的典型案例分为合作社运营辅导机制、全产业链及价值链建设、联农带农、要素赋能四个篇章。希望这些案例能够为促进乡村产业发展提供有益借鉴。

目 录

合作社运营辅导机制
——提升合作社运营质量篇

5 // 开展商业计划辅导，助推合作社持续发展——贵州省项目办创新合作社管理实施经验

14 // 以辅导和促参与提升合作社建设质量——贵州省遵义市世行产业扶贫试点示范项目实施经验

22 // 农民专业合作社主导农业产业绿色发展——四川省叙永县世行产业扶贫试点示范项目实施经验

33 // 组建专家服务团队，打造特色优势产业——四川省金阳县世行产业扶贫试点示范项目实施经验

发展农民合作社的新探索
——世行贷款贫困片区产业扶贫试点示范项目案例集

全产业链及价值链建设
——助力农业价值增值篇

45 // 产销对接"公司+合作社+农户"促协同发展——贵州省习水县百草彝黔北麻羊养殖农民专业合作社

52 // 链接龙头企业，打造富民增收全产业链——甘肃省环县恒基肉羊养殖农民专业合作社

58 // 产加销一体化发展，提升中药材产品附加值——甘肃省岷县中信中药材农民专业合作社

66 // 建设特色产业全产业链，推进合作社持续发展——贵州省大方县三合森源中药材种植专业合作社

74 // 发展优势特色产业，小香菇撑起"致富伞"——甘肃省陇西县卜家渠蔬菜种植农民专业合作社

联农带农
——伙伴关系建设篇

85 // 红红火火花椒树，联农带农促增收——贵州省桐梓县容光诚雄种养殖农民专业合作社

93 // 织牢联农带农的纽带——贵州省织金县兴农种养殖农民专业合作社

100 // 建立盈余收益分配制度，完善多元化联农带农机制——甘肃省渭源县五竹田园牧歌养殖专业合作社

107 // "五个统一"破解特色产业发展难题——四川省美姑县拉里种养殖专业合作社

116 // 整合外部资源，助力农民增收——贵州省大方县新健富民农业发展专业合作社

要素赋能
——提升产业链韧性篇

125 // 能人带动与制度建设相结合，女性领办合作社实现科学发展——甘肃省定西市安定区弘瑞肉羊农民专业合作社

131 // 依托科学种植，打造致富"金果"——甘肃省正宁县老林果业专业合作社

138 // 携手世行发"羊"财，迈入"羊"光小康路——甘肃省古浪县振兴源养殖专业合作社

145 // 强基础、强科技，"红苹果"变身"致富果"——甘肃省庄浪县朱店镇赤坡果品农民专业合作社

152 // 建立"联合社+合作社+农户"模式助力产业链发展——甘肃省岷县合创振兴农牧业联合社

158 // "大手"牵"小手",产业一起走——贵州省赤水市瑞婷婕种养殖农民专业合作社

合作社运营辅导机制
——提升合作社运营质量篇

《关于加快推进乡村人才振兴的意见》指出,"乡村振兴,关键在人"。为促进农民专业合作社建设,2022年农业农村部出台了《新型农业经营主体辅导员工作规程》,旨在促进新型农业经营主体辅导员专业化、规范化发展,加强辅导员队伍建设,通过引才引智,丰富合作社组织建设、规范运营、财务会计、市场营销、绿色发展、技术支持等领域的智力支持,建立更开放的合作社运营机制,拓展合作社外向资源链接,实现合作社高质量发展。

从什么环节辅导是当前新型农业经营主体运营辅导的难题。世行产业扶贫试点示范项目运用合作社运营辅导机制,组织辅导员、外部专家或第三方机构,以合作社商业计划书为抓手,协助项目区合作社制定具有针对性、前瞻性、可操作性的商业计划书,为合作社建设发展保驾护航。项目实施过程中形成了各具特色的本土化创新模式。例如,贵州省乡村振兴局项目中心创新合作社管理办法,委托第三方咨询机构为世行产业扶贫试点示范项目合作社制定商业计划书,助力合作社规范内部管理,提升营运管理能力;强化合作社科学决策,制定有效的盈利目标;制定量化指标,准确评估自身综合发展能力,引领合作社健康发展。四川省金阳县制定了《世行项目技术咨询专家组聘用管理办法》,

发展农民合作社的新探索
——世行贷款贫困片区产业扶贫试点示范项目案例集

从农业、林业、畜牧、扶贫移民等部门聘任了18名具有中高级职称的专业技术骨干，成立了"金阳县世行项目技术咨询专家组"，对专家组成员实行聘用制考核管理，开展审批招标、合作社注册登记、项目财务管理及资金提款报账、道路建设技术指导、房屋建设规划、环境监测评价、种植技术指导和咨询服务等工作，帮助解决合作社运营发展问题。

合作社运营辅导机制的实施效果是显著的。项目终期第三方评估的结果表明，项目区探索形成的各具特色的产业链、价值链模式和产业扶贫的模式与机制，大大提高了项目区农民的组织化程度，引导并发展了农民集约化、规模化生产，将生产与市场有效衔接，推动小农户生产有效融入产业链，最大限度地实现农户的经济利益和可持续发展，取得了较好效果，为产业振兴、产业富民提供了良好示范。

本篇的案例能够展示从省、市到县合作社辅导的操作过程和部分成效。作为一种探索，希望给中国乡村振兴提供一个乡村人才振兴的模式参考。

开展商业计划辅导，助推合作社持续发展
——贵州省项目办创新合作社管理实施经验

案例摘要

世行产业扶贫试点示范项目农民专业合作社组建后，为确保合作社持续、健康、稳步运营，贵州省项目中心建立合作社辅导制度，委托省内外经验丰富的第三方咨询机构开展调研、测评、培训，为项目合作社编制商业计划书，打通了合作社缺乏长远规划的堵点，破解了管理不善的难点，消除了专业指导掉队的痛点，助力合作社提升综合能力，助推农民增收取得新成效。

一、基本情况

农民专业合作社（以下简称合作社）是乡村产业振兴的主力军、"领头雁"，在引领乡村产业发展、促进农民致富增收、增强农民自我发展能力等方面发挥着重要作用。贵州省乡村振兴局项目中心（以下简称贵州省项目中心）创新合作社管理办法，委托第三方咨询机构为世行

发展农民合作社的新探索
——世行贷款贫困片区产业扶贫试点示范项目案例集

产业扶贫试点示范项目合作社制定具有针对性、前瞻性、可操作性的商业计划书，建立了合作社运营辅导制度，助推世行产业扶贫试点示范项目合作社提高营运能力和盈利，增加成员收入，引领合作社健康发展。

2015年，贵州省在乌蒙山集中连片特困地区的遵义市、毕节市，涵盖赤水、习水、桐梓、织金、大方等几个国家级贫困县（市）启动实施世行产业扶贫试点示范项目。项目区覆盖乡镇37个、行政村160个、总人口27.48万人，其中农村贫困人口5.83万人、少数民族人口3.47万人、妇女10.74万人。项目总投资50433万元，其中世行贷款资金4000万美元，配套资金23633亿元人民币。项目组建了40个农民专业合作社，创立了一批特色农产品品牌，培育了一批农村管理人才、技术骨干和致富带头人，带动了项目区农民生产发展、生活小康，助力项目区打赢脱贫攻坚战、衔接推进乡村振兴。

图1　2022年6月贵州省项目中心邀请专家对世行产业扶贫试点示范项目合作社商业计划书开展评审

二、主要做法

项目合作社自建成以来，在发展中也面临一些问题，可概括为三方面，即：涉及农户规模大，带动增收压力大；巩固提升难度大，延续发展压力大；合作社运营缺少高水平人才，提高生产经营水平的压力大。针对项目合作社的发展需求和自身不足，贵州省项目中心选聘第三方咨询服务机构，为世行产业扶贫试点示范项目合作社制定商业计划，全方位、多维度地帮助项目合作社不断提升竞争力及持续运营能力。

（一）明确要求，精准选择专业咨询服务机构开展辅导

为保障项目合作社的延续发展，2021年年初，根据合作社长远发展需求，基于中小合作社无资源、无方向等现状，贵州省项目中心统筹为项目合作社开展商业计划编制工作，明确以规范合作社内外部管理，实现良好盈利目标和合作社民主管理、互助合作、健康发展等咨询服务要求，采购选聘了包括来自北京、深圳等国内发达城市的专业咨询服务公司，以及扎根本省、拥有丰富本地咨询经验的共4家咨询服务机构，为项目合作社的管理与发展开展辅导。

（二）把脉问诊，实地调研分析合作社产业发展前景

为提高项目合作社的市场竞争力，由选聘的咨询服务机构选派经验丰富的专家团队，定期、多次赴现场为项目合作社把脉问诊。通过实地调研，系统掌握合作社现阶段主导产业的总体产业规模、产业需求特

点、市场竞争现状、产业存在问题、未来发展趋势等，帮助合作社跳出乡村、开拓视野，既认清自己，又了解市场，做到知己知彼。

图 2　第三方机构专家与合作社管理层进行现场讨论培训

（三）科学画像，三个维度测评合作社综合发展能力

作为新型农业经营主体，近年来合作社不断朝着企业化、市场化的方向发展。为精准把握合作社的综合发展能力，专家组对合作社提交的问卷进行了信息汇总和量化分析，并结合实地调研情况，按照生存指数、发展指数、可持续指数三个维度，从生产能力、收入能力、财务管理能力、依法合规经营能力、扶贫帮困、销售能力、产品能力、组织管理、人员管理、资源保障、创新能力、长远发展、环境匹配13个二级指标对合作社进行综合能力测评，通过量化指标，让合作社准确评估自身综合发展能力。

（四）集中辅导，夯实合作社发展基础

合作社管理人员的综合能力是影响合作社市场竞争力、产业竞争力的重要因素。为提高合作社的管理水平，咨询机构在调研中围绕合作社发展机遇、挑战与策略，合作社管理者能力提升，产品定位、设计与营销，财务管理、商务沟通、农产品销售策略等方面开设课程，让合作社管理人员学会分析问题、跟踪行业趋势、借鉴良好案例、规范管理生产，掌握产品开发、商品化、市场定位等管理基础知识，为合作社打造高水平管理人才队伍。

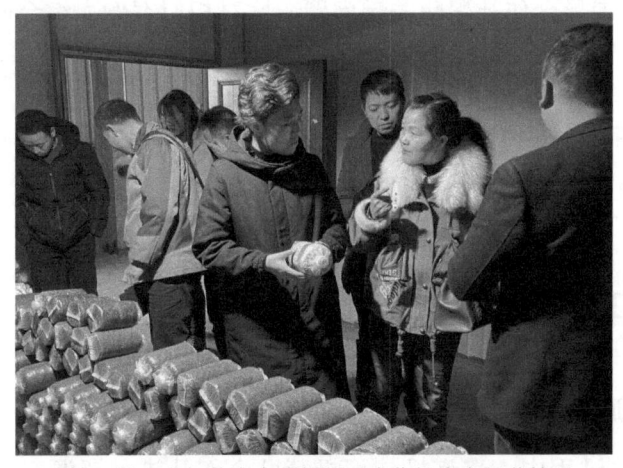

图3　第三方机构专家现场调研合作社生产经营情况

（五）多方参与，不断完善合作社商业计划书

为确保商业计划书切实发挥指导作用，在商业计划书制定完成后，贵州省项目中心组织经济、财务、合作社管理、资产运作专家对商业计划书进行评审，指导合作社修改、完善商业计划书，以保证商业计划书

立足合作社实际，提出具有针对性、前瞻性、可操作性的发展方向和措施。而后，由合作社所在的项目县管理机构对本县涉及的商业计划书进行全面把关并做好合作社后续运行的跟踪管理。

（六）订单式辅导，以商业计划书助力合作社可持续发展

"授人以鱼，不如授人以渔。"为提高合作社解决问题的综合能力，贵州省项目中心安排咨询服务机构为合作社讲解商业计划工作流程并辅导答疑，帮助合作社整理出《愿望清单》，同时找到《愿望清单》与《专家建议清单》的共同点，并通过筛选《愿望清单》和《专家建议清单》、辅导合作社聚焦关键问题、比对相似案例、综合研究制定方案等步骤，制定并完善商业计划书，不断提高合作社解决问题的综合能力。合作社在实施商业计划书的过程中，可随时咨询专家的意见，持续提升合作社综合能力。

三、工作成效

（一）通过问题辅导，解决了合作社发展难题

在辅导过程中，咨询机构积极帮助合作社进行资源对接，并根据合作社实际情况、主导产业发展情况等因素，帮助合作社制定商业计划书，为合作社下一步发展制定策略、指明方向。例如，大方县新健富民农业发展专业合作社按照商业计划书建议，不断加强品牌建设与市场开发等工作。在"走出去"和"请进来"相结合策略的指导下，合作社共参加世行产业扶贫试点示范项目组织的市场考察6次，成功开拓福建、湖北、湖南、云南、四川及黔东南等天麻及食用菌的销售市场，实现订单生产；从福建、湖北、云南、四川及贵州省内引进合作企业，实行品牌化订单销售，项目区中药材及食用菌种植从2018年的300亩（1亩≈666.67平方米）增加到2022年的1400亩，合作社成员人均纯收入从2018年的9316.49元提高到2022年的12215元。

（二）通过对合作社管理人员赋能，促进了合作社迅速发展

编制商业计划书有序提升了合作社带头人的管理能力，有力促进了合作社的迅速发展，有效带动了合作社成员的增收。合作社管理人员普遍表示，通过参与商业计划书的编制，学到了知识、开阔了眼界、更新了思路、提升了能力，更有信心带领合作社克服不利因素影响，使合作社不断发展壮大。项目实施以来，项目区直接受益农户数量达21.1万人，截至2021年带动农户人均增收19544元，带动贫困户人均增收25971.6元；项目合作社帮助所在村村集体平均增收16.7万元。在贵州省组建的40家项目合作社中，1家合作社获得省级脱贫攻坚先进集体表彰，40%的合作社获得了各级示范社称号，其中国家级1个、省级6个和市县级9个，成为当地乡村产业振兴的重要力量。

（三）通过品牌建设辅导，提升了合作社产品知名度

合作社商业计划书注重品牌打造，指导合作社开展"三品一标"创建，通过产品认证、商标注册、品牌创建等方式，延长产业链条，加快产业升级，积极推动品牌宣传，进一步拓宽销售市场。项目合作社普

遍获得了绿色、有机、地理标识认证或注册商标。例如，大方县三合森源中药材种植专业合作社通过天麻 GAP 生产基地认证，注册"三合森源"商标，推动天麻产业与医药制造业、医药流通服务业、健康融合业等健康医药产业有效衔接，打通天麻的制种、种植、加工、销售、仓储物流、新产品研发销售环节，促进天麻一、二、三产业融合发展。

四、经验启示

一要注重合作社可持续发展，增强合作社发展后劲。世行产业扶贫试点示范项目合作社全面建成并非终点而是新的起点，各级项目管理机构始终关注合作社后续运营发展情况，并通过调研、聘请专家团队等多种方式帮助合作社完善长远规划、优化管理经营，建立合作社辅导制度，助力合作社提升综合能力，助推农民增收取得新成效。

二要精选合作社辅导团队，确保专业人干专业事。编制的农民专业合作社商业计划书涉及生产经营、市场规划、组织销售、会计财务等各方面的专业知识。因此，在精选组建合作社辅导团队时，务必要明确团队成员专业、从业年限、过往经验等方面的条件，确保团队充分满足专业咨询服务要求。

三要瞄准合作社商业计划关键环节，以缜密规划引导合作社建设。一份有针对性、可操作性的农民专业合作社商业计划书一定是经历不断修改后成型的，项目管理机构要组织经济、财务、合作社管理、资产运作专家对商业计划书进行评审,在评审意见—修改—再次评审过程中不断整理计划书思路,指导咨询服务机构进一步修改、完善商业计划书,以保障商业计划书立足合作社实际,提出具有针对性、前瞻性、可操作性的发展方向和措施。

以辅导和促参与提升合作社建设质量
——贵州省遵义市世行产业扶贫试点示范项目实施经验

案例摘要

贵州省遵义市实施的世行产业扶贫试点示范项目始终以农民专业合作社为载体,依托老百姓自身资源优势,选定地方优势特色产业,以强化项目管理、合作社计划书辅导、合作社议事辅导、合作社运营能力辅导、项目信息监测和经验总结、项目资料归档,搭建"项目产业+合作社+能人+农户"的产业发展模式和利益联结机制,探索以全产业链模式提升农产品附加值,有效推动了各地优势产业的发展。同时,通过项目系列培训提升了农民群众的农用技术和组织化程度,开创了产业兴旺、农民增收的新局面,有效助推了巩固拓展脱贫攻坚成果同乡村振兴有效衔接。

一、基本情况

2015—2022 年,贵州省遵义市实施了世行产业扶贫试点示范项目。项目以乌蒙山片区的赤水市、习水县、桐梓县为项目区，共完成投资 27201.79 万元，其中利用世行贷款 14880.07 万元，国内配套 12321.72 万元，共组建合作社 23 个，入社成员 7006 户，其中脱贫户成员 5056 户，占项目区脱贫户的 77.23%。

二、主要做法

（一）始终聚焦项目实施，构建"全方位"合作社运营辅导机制

一是强化组织领导，推进项目实施。遵义市委、市政府将世行产业扶贫试点示范项目推进情况纳入全市年度项目管理重点工作，项目县成立以政府分管领导为组长的世行项目实施领导小组，定期召开项目实施管理工作调度会，系统部署相关工作，及时解决存在问题。二是突出项目重点，完成目标任务。遵义市项目办将世行产业扶贫试点示范项目计划进行分解，按季度专门跟踪调度，定期编辑项目动态简报，有力促使各项目县在晒成绩、晒进度中完成工作目标。三是严格对待项目评审，确保计划书的质量。首先，高质量组建合作社，以"政府主导"和"增强扶贫对象自我发展能力"为原则，均按建档立卡贫困户入社率达到 80% 的要求完成合作社的组建。其次，高要求编制投资计划书。充分考虑建档立卡贫困户占比、利益联结、产供销投入等指标综合编制投资计划书。最后，高标准提升计划书质量。结合省级专家组提出的建议意见，市项目办对各县项目计划书进行反复磋商、审核，确保计划书的质量。

发展农民合作社的新探索
——世行贷款贫困片区产业扶贫试点示范项目案例集

图 1　2016 年 7 月遵义市召开世行产业扶贫试点示范项目合作社投资计划书评审会

（二）始终聚焦成员发展，构建"全民化"参与体系

一是成员积极参与，变"旁观者"为运营"主人翁"。采取土地入股与农户自种相结合的方式组建合作社，成员通过参与合作社农业生产或务工等形式实现增收，使其从合作社建设的"旁观者"变为"主人翁"。二是镇村主动参与，推进项目建设。在项目实施过程中，镇村主动提供人力监管和技术指导，为项目建设做好组织保障和技术支撑。

（三）始终聚焦项目培训，构建"全覆盖"发展体系

一是抓好农民实用技术培训。合作社组织成员采取"理论讲解＋现场实操"相结合的方式开展农民实用技术培训。二是聘请专业技术顾问为合作社开展专业辅导。解决合作社发展过程中存在的各项"疑难杂症"，有效提升成员种养殖能力及合作社运营能力。三是做好

项目管理人员培训。采取"走出去""请进来"等方式，组织项目管理人员开展贵州省内、省外培训和考察活动，加强对世行产业扶贫试点示范项目管理规则、业务知识及法律法规的学习，切实提升项目管理人员的能力和水平。

图2　2018年12月遵义市在成都举办的世行项目市场考察与开发学习

（四）始终聚焦项目监管，构建"全领域"监督体系

一是强化项目运营管理。市、县项目办严格执行跟踪督查制度，建立各项奖惩机制，以目标倒逼进度、以考核推动工作落实落地。二是强化项目采购指导。严格要求各项目县及合作社按照世行产业扶贫试点示范项目的采购规则开展采购工作，规范采购流程，确保项目采购结果有效。三是强化财务监管。全面加强财务监管，坚决堵塞资金漏洞，对各县实施的世行产业扶贫试点示范项目实现全领域、全方位监管。四是强化项目资产后续管理。将项目形成的资产纳入扶贫项目资产管理范畴，在全国率先探索形成"八个步骤摸清底数、六条路径盘活资产"的扶贫项目资产后续管理模式，得到国家和贵州省的认可及推广。

（五）始终聚焦市场导向，构建"全链条"销售体系

一是依托资源禀赋，建立品牌效应。各县根据自身产业发展优势，认真落实产业扶贫"八要素"要求，构建了山地特色高效农业产业体系，创建了一系列农产品品牌。二是提高内生动力，增加产品附加值。以市场为导向，积极扶持合作社围绕"三品一标"发展产业，创建全产业链生产模式，全面提升产品附件值。三是做好市场销售，打造外销平台。各项目县充分发挥项目资源优势，以消费扶贫活动为契机，引导合作社以市场为主体，结合各自产品特点，找准市场切入点，切实提高合作社产品在市场的占有率。

（六）始终聚焦创新引领，构建"全实力"运行体系

一是重点推进示范社创建。推进国家、省、市示范社"三级联创"机制，提升合作社知名度和公信力，助力项目合作社规范化管理、标准化建设。现已培育8家省级农民专业合作社示范社、7家市级农民专业合作社示范社。其中，习水百草彝合作社获得中华供销合作社示范社称号，桐梓隆凤缘合作社获全省脱贫攻坚先进集体称号。二是重点协调促成新融资。市项目中心主动作为、靠前服务、积极协调，帮助资金周转困难但符合银行"按时纳税、征信良好"等条件的项目合作社申请中小微企业低利率普惠贷款，切实解决合作社融资难问题。

图3　2015年3月遵义市正安县复兴茶业农民专业合作社成立大会

三、工作成效

一是品牌效应逐步形成。根据项目实施县（市）自身产业发展优势，构建了具有"山上栽斛、林下养鸡、圈中养羊、半坡种椒"山地特色的高效农业产业体系，建立了"王丹景雯""云霓香""石洞山"等系列品牌。

二是合作社运营能力持续增强。合作社组织成员采取"理论讲解＋现场实操"相结合的方式，多渠道、多方式开展农民实用技术培训，全面提升成员种养殖能力及合作社运营能力。

三是合作社成员运营主体性不断提高。合作社采取农户自种与土地入股种植相结合的建设方式。一方面，合作社鼓励成员积极种养殖合作社产品，以保底收购或高于市场价格收购的方式收取成员产品，确保成员增收。另一方面，对土地入股的成员，合作社鼓励以务工的形式参加合作社发展，获得劳务报酬，充分调动成员的积极性、参与性、创造性。

四是市场效益明显提升。合作社紧盯市场动向，积极开辟网上销售渠道，采取"线上+线下结合""基地+合作社+农户"的合作模式，实行网上订单种植、保底收购、入股分红，确保产出成品有销路，出售价格有保证。通过联系珠海对口帮扶平台、"832"农产品销售平台等渠道积极打开销售市场。截至2023年10月，遵义市世行产业扶贫试点示范项目合作社共有21家实现盈利。

四、经验启示

一是合作社辅导和培训提升了农民组织化程度。合作社通过全方位运营辅导和系列培训，培育出了一批又一批"有文化、懂技术、会经营"的新型农民，既为项目的建设及今后合作社的生产运营管理提供了人力支撑，更为推进当地农村产业结构调整、加快农业产业化进程、增加农民收入提供智力支持和人才保障。

二是全产业链发展提高农业生产综合效益。依托各县的主导产业和资源优势，搭建"项目产业+合作社+能人+农户"的产业发展模式，推动全产业链结构建设，创建农产品品牌，提高了农产品的市场竞争力，提升了农产品附加值的增值空间。

三是示范社创建提升了增收致富带动效应。世行产业扶贫试点示范项目培育出的贵州省、遵义市农民专业合作社示范社，提升了合作社的知名度和公信力，促进合作社规范化管理，让产业发展有希望，成员发展有信心，合作社带头致富的示范效应日渐显著。

农民专业合作社主导农业产业绿色发展
——四川省叙永县世行产业扶贫试点示范项目实施经验

> **案例摘要**
>
> 中国政府与世界银行合作，对中国贫困农村主导发展方式开展翔实的调查研究和试点，在此基础上实施了世行产业扶贫试点示范项目，通过建立合作社辅导制度、优化运营管理，探索出了以合作社为依托，以构建特色产业为重点，以绿色发展和贫困农户可持续增收为目标的综合产业链发展模式。经过多年发展和实践，该模式已成为联农带农、衔接产业发展链条的重要载体，在助推脱贫致富和乡村振兴中发挥了独特作用。

一、基本情况

四川省叙永县世行产业扶贫试点示范项目于2012年启动规划，2015年实施，经过中期调整，2022年6月项目建设完成。项目总投资1.1亿元人民币，其中世行贷款827.38万美元。项目实施区位于环境条件较差、交通基础设施滞后、农民文化水平偏低的偏远民族地区，覆盖赤水镇、石厢子彝族乡、水潦彝族乡3个乡镇20个行政村10650户47367人（其中，贫困村15个、贫困户2180户10054人、妇女人口22803人、少数民族人口16858人）。项目实施的主要内容包括成立合作社，通过采取规范化、标准化、规模化的模式，实施以甜橙、肉牛为主的产业发展，围绕产业发展开展公共基础设施建设与服务，开展各类培训，提升合作社的经营管理能力，充分发挥合作社联农、带农、益农作用，实现产业可持续发展和农户持续稳定增收。

二、主要做法

为确保世行产业扶贫试点示范项目成功实施，叙永县依托当地特色主导产业，探索出以合作社作为带动主体推动农业产业绿色发展的新路子，助推脱贫攻坚和乡村振兴。

（一）探索灵活多样、可持续的绿色产业发展模式

叙永县外资扶贫项目管理办公室（以下简称县外资办）组织有关部门和技术专家、项目村干部和合作社成员，依托当地有几十年肉牛养殖的资源优势，客观分析产业发展的主要问题，秉持绿色可持续发展理念，制定《合作社投资计划书》及相应的项目实施规划，就合作社产业发展规划的技术、市场、资金、政策可行性进行评审，根据合作社地理位置、海拔高度等情况，因地制宜地采取"肉牛养殖＋牧草种植""肉

牛养殖+甜橙种植""肉牛养殖+牧草种植+甜橙种植""长期产业+短期产业"等灵活多样、可持续的产业发展模式，科学设计养殖场环保设施及粪污消纳管网，统筹项目区绿色发展和生态保护，推动合作社步入绿色产业的可持续发展道路。

（二）建立完善的组织管理体系

叙永县按照项目领导体系、项目执行体系、项目技术支持体系设置组织管理机构：成立由县长担任组长的项目领导小组，作为全县实施项目的领导机构；专门设置县外资办，作为项目的组织实施机构；成立由专业技术骨干组成的项目技术咨询小组，作为项目技术支持机构；在项目乡（镇）政府成立项目工作站，在项目村成立由村民委员会成员组成的项目执行小组和由村监委会成员组成的项目监督小组；合作社项目执行和监督分别由按法定程序选举产生理事会和监事会作为具体实施机构和监督机构。从上到下的组织领导、管理监督、技术支持体系和网络，为项目实施提供了坚实的保障力量。

（三）组建规范的农民经济合作组织

叙永县以行政村为单位，组织县外资办、技术咨询小组、辅导员深入项目村，通过宣传动员，引导群众（特别是贫困群众）加入合作社，积极主动参与产业发展，严格按照《中华人民共和国农民专业合作社法》等法律法规组建合作社，依法选举产生合作社理事会、监事会，指导制定合作社章程和日常管理制度、财务管理制度、公益金提取和使用办法、盈余分配办法等。全县共组建合作社20个、联合社1个，合作社成员占项目区总人口的 37.3%，妇女成员占项目区妇女数的 25.2%，少数民族成员占项目区少数民族人口的 26.8%，脱贫人口占项目区脱贫人口的 83.4%。

（四）配套建设公共基础设施和服务

项目共完成新建和整治村内道路（含生产便道）60 千米，建设各型蓄水池、灌溉系统等水利设施，安装电力线路、变压器等电力设施。建成 50 头规模以上肉牛养殖圈舍 43 个及相应附属设施，完成养殖场环境处理设施建设，采购养殖能繁母牛、育肥肉牛近 2200 头。采购一批农用设备，完成 258 公顷甜橙、150 公顷辣椒及 84 公顷牧草栽种。聘用合作社辅导员 7 人次和财务技术人员 3 名，完成农产品包装设计两个，建设产品信息电商平台一个，获得甜橙"有机食品认证"一个。

（五）建立"四方联动"的协作机制

在项目实施过程中，叙永县采取"政府＋合作社联合社＋合作社＋农户（成员）"的产业发展合作模式，凝聚发展合力。即：政府在政策、资金、技术等方面给予支持保障；合作社联合社负责产品物资供销、包装物流、市场开拓、品牌打造、技术支持等；合作社负责组织成员发展产业，提供技术指导，采购、发放生产物资，回收产品，分配盈余等；农户（成员）按合作社要求生产、出售农产品。

发展农民合作社的新探索
——世行贷款贫困片区产业扶贫试点示范项目案例集

图1 合作社甜橙基地

三、工作成效

项目选择在叙永县贫困程度较深的地区实施，交通、水利等基础设施得到明显完善，极大改善了当地群众生产生活条件，加快区域经济发展步伐。通过项目实施，项目所在区域在增加农户收入、改善生态环境、提高农民组织化程度等方面取得明显成效。

（一）经济效益

一是股本金。形成合作社成员资产股本金4499.14万元，成员自筹股本金455.03万元，在合作社的量化股本金为4954.17万元，成员人均为1167.64元。

二是成员收入。合作社成员参与产业发展，户均增收100～1000

元/年，务工增收人均500～3500元/月，出售饲料饲草、甜橙、牛犊等户均增收100～5000元/年，种植辣椒户户均增收超过10000元/年。2021年，项目区脱贫农户从项目中获得的人均纯收入达1250元。

三是合作社盈利。到2022年年底，全县21个合作社有17个近5年财务累计盈利为正值，盈利率达80.95%；有3个合作社实现分配盈余。其中石厢子彝族乡水潦铺弘基养殖专业合作社在四川省世行产业扶贫试点示范项目合作社中率先实现分红。

图2 合作社辣椒、甜橙、肉牛成果丰硕

发展农民合作社的新探索
——世行贷款贫困片区产业扶贫试点示范项目案例集

图3 合作社分红大会

图4 项目区建成的道路交通网

（二）生态效益

项目始终坚持"绿水青山就是金山银山"理念。随着项目的实施，当地种养殖的不规范操作得到改善,特别是肉牛养殖场环保设施及粪污消纳管网的实施和利用,使农业及畜禽面源污染得到控制,农村环境卫生明显改善。种树种草使植被覆盖率提高,水土流失得到治理,生物多样性增加。开展生态农业建设和推行无公害食品行动计划,当地水环境、大气环境质量明显提升,实现了项目区赤水河流域生态绿色发展,也为实施"碳达峰、碳中和"战略贡献了贫困山区的力量。

图 5 项目实施生态结构图

图 6 项目实施生态效果图

（三）社会效益

项目区农户通过参与项目规划、实施、管理和监测评估的全过程，极大激发了参与经济发展、社区事务管理的积极性和主动性，转变了观念，提高了自我发展能力，推动了项目区和谐文明发展。项目主要在少数民族地区实施，促进了民族团结进步和少数民族地区经济社会和谐发展。

四、经验启示

（一）组织保障是关键

县政府印发《叙永县世行项目建设实施意见》，成立由县长担任组长的项目工作领导小组。县委、县政府把世行产业扶贫试点示范项目纳入全县重点项目建设工作，纳入年度目标绩效考核。县外资办调整为副科级事业单位，落实编制10人，工作经费列入财政预算。成立由36名专业技术骨干为成员的技术咨询小组，为项目实施提供了全方位强有力的组织保障。

（二）深度聚焦是重点

一是聚焦工作机制，每月专题梳理汇总进度情况，及时解决项目推进中遇到的困难，每季度至少召开一次项目推进现场会，交流经验，邀请技术咨询专家指导，总结推广在实施项目中好的措施办法。二是聚焦产业发展模式，根据合作社和项目村的现状，确定适合的产业发展模式。例如，采取"专业合作社＋农户"发展产业，统一技术、统一标准、统一培训、统一生产、统一管理、统一销售。实行"肉牛养殖＋甜橙种植＋短期经济作物"的循环种养模式，长短结合，保障农户收益，实现农户增收。三是聚焦利益联结机制，通过"20+1"，即在20个村级合作社的基础上，组建一个联合社，发挥联合社在农业生产资料购买和农产品销售上的规模优势，帮助成员社降本增效。

（三）强化管理是核心

一是加强建章立制，印发《叙永县农民专业合作社运行、管理指导意见（试行）》，制定相应制度，规范项目申报、审批、实施、监督、验收程序。二是严格选人用人，推选能力强、清正廉洁的村干部或能人担任合作社负责人。三是加强监督管理，成立乡镇、村、合作社项目实施监督小组，实行全过程监督管理。四是规范财务运行，聘请专业财务人员，负责20个合作社和一个联合社的财务管理及会计核算工作，确保合作社和联合社的规范运营。

世行产业扶贫试点示范项目在叙永县成功实施，获得世界银行竣工验收团的充分肯定和赞誉，为国际扶贫开发交流合作提供了成功的叙永经验案例，为助推叙永县脱贫攻坚事业取得圆满成功贡献了力量。实践也表明，合作社的多维功能与乡村产业、人才、文化、生态、组织五大

发展农民合作社的新探索
——世行贷款贫困片区产业扶贫试点示范项目案例集

振兴目标任务高度契合，合作社的纽带作用、平台作用、主体作用、社会功能、组织优势等，在稳定农村基本经营制度、解决农业发展人力资源约束、加强和创新农村社会管理、促进农民持续增收等方面具有明显的优势。

组建专家服务团队，打造特色优势产业
——四川省金阳县世行产业扶贫试点示范项目实施经验

案例摘要

四川省金阳县项目通过规范合作社运营，组建技术服务团队并制定技术标准化规程，开展技术指导、技术培训和技术咨询等活动，有效解决了金阳县合作社种养殖问题51个，破解了合作社低效运营的难题。以"基地+农户""龙头企业+合作社"的农业产业化联合模式带动农户发展，建成的合作社在金阳县世行产业扶贫试点示范项目合作社中率先实现盈利分红。

一、基本情况

金阳县项目区共组建16个农民专业合作社和一个农民专业合作社联合社。农民专业合作社共有成员3038户，其中脱贫户成员1864户，占成员总数的61.36%；一般户成员1174户，占成员总数的38.65%；少数民族成员2728户，占成员总数的89.79%；妇女成员2006户，占成员总数的66.03%。在16个专业合作社中，派来镇、德溪镇、芦稿镇、热水河等6个乡镇15个村的9个农民专业合作社以种植白魔芋为主导产业；南瓦镇、白草坡镇、丙底镇、德溪镇等7个乡镇7个村的7个合作社以养殖肉牛和半细毛羊为主导产业；一个联合社主要以白魔芋加工、包装和销售为主导产业。

二、主要做法

（一）加大宣传力度，为项目实施营造浓厚氛围

为了激发广大农户加入合作社的积极性，金阳县通过坝坝会、发传单等多种形式重点宣传项目建设的重要意义，详细解答群众关心的关于合作社运营、分红、发展等热点问题，消除了群众的种种顾虑，使他们充分认识到办社的意义、入社的好处。深入持续的宣传大大增强了农民发展产业、搞好合作经营的信心，项目区农户纷纷主动要求加入合作社，为合作社建设和发展产业营造了浓厚氛围。

图1 2020年12月金阳县油坊村德盛合作社挖出商品芋

图 2 项目支持合作社开发的以白魔芋为主要原料的消费商品

（二）规范合作社建设管理，明确可持续发展路径

合作社依法登记设立后，严格落实成员大会、理事会、监事会制度，通过民主评议协商，确定发展道路。一是确定拟发展的产业项目，制定项目建议书。经多轮次筛选论证，获项目办批准后，由合作社管理团队领办实施。二是进一步健全规章制度、清晰财务账目、明确成员权益、合理盈余分配。三是充分尊重和发挥合作社成员的民主意识、创新意识。经全体成员大会讨论，探索出"土地入股固定分红＋二次分红""订单收购""二次返利"等利益联结机制，确定了"合作社＋企业""合作社＋农户""合作社＋农户＋企业"等合作模式。在扩大生产规模的同时，实施商标注册、产品质量和地理保护标志认证等品牌战略，积极培育主导产业优质品牌。随着管理制度不断完善，市场竞争能力不断增强，合作社走过了由小到大、由弱到强的发展之路。

（三）组建技术咨询专家组，为项目建设提供服务保障

金阳县制定了《世行项目技术咨询专家组聘用管理办法》，从农业、林业、畜牧、扶贫移民等部门聘任了18名具有中高级职称的专业

技术骨干，成立了"金阳县世行项目技术咨询专家组"，给专家组成员发放了聘书，实行聘用制考核管理。专家组下设项目审批招标、合作社注册登记、项目财务管理及资金提款报账、道路建设技术指导、房屋建设规划、环境监测评价、白魔芋种植技术指导和咨询服务、半细毛羊和肉牛养殖技术指导与咨询服务等工作组。通过明确每个组的工作职责并制定考核办法，为项目实施提供技术支持和咨询服务保障。专家组经常深入项目实地，借助"农民夜校"平台，开展种养殖技能培训，答疑解惑，为成员提供一站式服务，为项目顺利实施提供了强有力的技术保障。

图3 合作社养殖技术培训会

图 4 白魔芋种植现场教学

（四）加强产学研深度合作，不断提高生产技术水平

金阳白魔芋种植历史悠久，品种优良。在白魔芋合作社的培育中，金阳县仍旧持续加强科技创新，先后与西南大学、四川大学、中国农科院、四川省农科院及全国白魔芋协会等开展深度合作，协助白魔芋专家因地制宜编写了《金阳林下白魔芋高产栽培技术手册》和《金阳林下白魔芋品种选育技术手册》。在标准技术规程的指导下，合作社加大了对芋农的培训力度和科技人才队伍建设，大力推广种植新技术，不断提升白魔芋生产技术水平。

三、工作成效

（一）有效改善生产生活条件，培育主导产业

本项目所在的四川省乌蒙山区凉山州金阳县，经济社会发展相对滞

后，项目实施对金阳县农村社区产生了极大的影响。一是改善了项目区的生产基础设施条件，方便了社区群众的耕作生产，节省了劳动力，节约了生产成本。二是让社区群众直观体会到了现代农业生产带来的便利和经济效益，激发其学习掌握现代生产技术的热情和增加现代农业投入的激情。三是通过开展白魔芋种植等专项技术培训，促使广大贫困群众持续增收，激发了社区群众劳动致富的热情，发展壮大了项目区域主导产业，逐渐将产品优势转变为品牌优势、经济优势，推动了项目县的区域经济发展。

（二）开展专业化培训，有力提升群众生产技术水平

在金阳县世行产业扶贫试点示范项目技术咨询小组指导下，金阳县共组织培训16096人次，其中合作社组建培训102人次、合作社管理培训1531人次、种养殖技术培训12641人次、宣传营销培训766人次、辅导员培训131人次、县级职员培训557人次、乡级职员培训368人次。合作社统一咨询专家后安排技术员到田间地头指导种养殖技术，使问题陆续得以解决，真正为农户排忧解难，不间断地根据成员的需要提供技术咨询约272次。以上工作解决了金阳县合作社种养殖遇到的难题51个，合作社及周边村民都不同程度地从中受益。

（三）引入龙头企业帮扶带动，推动产业规模化发展

金阳县沙马白魔芋种植农民专业合作社引入龙头企业帮扶，与企业联合种植白魔芋，并委托企业加工销售。沙马合作社负责种植基地建设，流转土地88亩，采购白魔芋种子，负责种植管护；企业负责聘请

技术人员参与种植、管理，并开展种植技术培训200人次。次年，企业完成销售任务后，一是向合作社返还合作社投入的白魔芋种子；二是按照收益的20%与合作社分红。通过对外合作，合作社得到了外部技术支持，保障了产成品销路，还提高了白魔芋种植技术，最终实现了多赢。2021年，该合作社盈利21.5万元，分红10.54万元，成为全县率先实现盈利的项目合作社。

图5　2020年沙马白魔芋种植农民专业合作社分红现场

四、经验启示

一是强化组织保障，推进项目高效落地。金阳县县政府牵头成立以县长为组长，分管副县长为副组长，多部门参与的"金阳县世行第六期扶贫项目领导小组"，在县扶贫移民局内成立"金阳县外资扶贫项目管理中心"，在项目乡（镇）设立了乡（镇）项目工作站，各项目村建立项目工作组。县政府多次召开会议，专题研究和推动项目工作，细化责任，各司其职，为确保项目顺利实施提供了坚强的组织保障。

二是强化人才保障，推动实施技术赋能。金阳县魔芋种植加工产业具有技术要求高、产品附加值高、投资量大的特点。在县级层面成立"项目技术咨询专家组"，是项目实施的重要技术保障。专家组通过提供项目技术指导、技术培训和技术咨询，不仅为合作社发展提供了强有力的技术支撑，促进了县域特色产业发展，同时为合作社的后续发展储备了专业技术人才，建立了"永不走"的人才队伍，为项目建设及完工后合作社发挥可持续作用提供了技术保障。

三是强化部门协作，促进项目可持续发展。县项目领导小组协调各相关部门，将发展农民专业合作社助力区域产业发展纳入县域产业发展的总体规划，建立单位联系和干部挂包指导制度，在政策、资金、人才、技术、产销信息、疫病防控等多方面持续给予帮助支持，为确保项目建设、加快产业发展提供了重要保障。

全产业链及价值链建设
——助力农业价值增值篇

全产业链及价值链建设——
助力农业价值增值篇

《"十四五"推进农业农村现代化规划》提出,"我国农业产业链和价值链仍处于低端,需要加快提升现代化水平,打造全产业链,拓展农业增值增效空间"。农民专业合作社作为新型农业经营主体,上连龙头企业,下连每个农户,是带动"小散弱"农户融入价值链、嵌入产业链的重要力量。支持发展具有各地特色的农产品产业链及价值链建设,是项目实施的重要内容之一。

如何建立或者利用全产业链服务农户是合作社高质量发展面临的难题。依托合作社运营辅导制度,协助合作社讨论编制商业计划书,支持合作社围绕一、二、三产融合打造价值链、延伸产业链、提升增值能力开展了大量的项目活动。项目支持合作社开展品种改良、基地建设、农产品初级加工、仓储设施和品牌建设,组织市场营销培训,帮助合作社完成产业组织化升级、提升产品竞争力,从而打入新的更高价值市场。此外,项目还以辅导制度为合作社的质量标准、认证、品牌、物流、食品安全等提供各类服务。

全产业链及价值链建设的成效是显著的。贵州省大方县三合森源合作社坚持全产业链打造导向,通过项目支持实现了初加工、品牌建设、线上线下渠道拓展全产业链"延链""优链""强链"。甘肃陇西县卜家渠蔬菜种植农民专业合作社把高原夏菜和食用菌作为主导产业，建立食用菌菌棒生产扶贫车间，为周边群众提供香菇种植技术、管理要领、鲜菇储藏、干菇加工及销售等服务。

在合作社运营辅导制度支持下开展的合作社全产业链及价值链建设在中国是一项有益的尝试。这种尝试为合作社降低产业链延伸和融合的运营风险提供了一种选择。作为探索经验，希望给中国农业现代化提供模式参考。

产销对接"公司＋合作社＋农户"促协同发展
——贵州省习水县百草彝黔北麻羊养殖农民专业合作社

案例摘要

习水县百草彝黔北麻羊养殖农民专业合作社是世行产业扶贫试点示范项目之一，通过组织养殖农户加入合作社实现产业化、规模化、精细化养殖，在建立全产业链模式过程中提升对成员的服务能力，在产业链向终端延伸过程中提升对市场的把握能力，在合理设置利润分配机制、保障合作社可持续运营过程中提升对成员的带农增收能力，最终实现全县域麻羊产业的发展壮大。合作社的成功实践反映了政府支持是推动地方特色产业发展的关键力量，"公司＋合作社＋农户"三方协同是实现产业链有效延伸的重要发展模式，多元化经营是合作社提升抗风险能力、拓展盈利空间的重要经营方式。

发展农民合作社的新探索
——世行贷款贫困片区产业扶贫试点示范项目案例集

一、基本情况

习水县百草彝黔北麻羊养殖农民专业合作社于 2016 年召开设立大会，正式成立并注册，注册资金 9.55 万元。合作社覆盖了一个乡镇、5 个行政村，其办公场所设立在双龙村。目前，合作社共有成员 304 户，其中少数民族一户，项目区脱贫户 285 户，占当地脱贫户总数的 93.75%。通过合作社成员大会选举理事会成员 9 人、监事会成员 5 人。

在世行产业扶贫试点示范项目和当地政府的支持下，合作社在基础设施建设、生产加工设备配置等方面取得了一定成效。合作社总投资 472.942 万元，其中，世行项目资金 234.242 万元，国内配套资金 236.7 万元，其他项目资金两万元。成员每股股金 500 元，共计 356 股，股金 17.8 万元。

二、主要做法

一是建立全产业链体系，提升对成员的服务能力。合作社主要经营业务包括黔北麻羊养殖、羊肉制品的加工、包装、运输及市场销售等，采取"公司+合作社+农户"的经营模式，为成员提供农资统一购买、技术服务、产品风险防控、产品销售等一条龙服务。具体来说，合作社对接公司和农户，由公司负责保障成员种羊供给和产品市场销售，合作社负责统一进行疫病防治、饲草饲料管理、新品种引进、技术辅导和培训等工作，成员则在合作社的指导下种植饲草，并配备铡草机、青贮窖，开展合作社要求的标准化养殖。

图1　2018年7月习水县百草彝黔北麻羊养殖农民专业合作社邀请县农业农村局高级畜牧师对合作社成员进行养殖技术培训

二是使产业链向终端延伸，提升产业链对市场的控制力。2021年，全社养殖麻羊6000余只，年出栏2000余只。在世行产业扶贫试点示范项目和当地政府的支持下，合作社在基础设施建设、生产加工设备配置等方面得到了发展，丰富了产品形式。通过入股羊肉火锅餐馆，合作社拓展了到店消费和真空包装销售两种营销途径，实现了产品有包装、商品有品牌。

三是合理设置利润分配机制，保障合作社可持续运营并惠及成员。合作社盈利后提取5%的盈余，用于脱贫户扶持带动资金，由成员中的脱贫户平均分享，巩固脱贫攻坚成果；提取10%的盈余作为公积金，用于扩大服务或弥补亏损、文化、福利事业、成员培训、成员生产及营销遭受重大经济损失的补贴等；提取 20% 的盈余，作为合作社滚动发展及运作需求资金，保障合作社可持续长效良性发展；提取 65% 的盈余作为可分配盈余，其中的 80% 按黔北麻羊成交量返还给成员，20% 按原始股本分配给成员，有效激发成员发展致富的内生动力。

图 2 习水县百草彝黔北麻羊养殖农民专业合作社产品

三、工作成效

合作社的成立和发展，有效推动了当地麻羊产业发展，带动了农户增收致富，其主要成效体现在以下几点。

（一）助推农业畜牧业综合发展

得益于习水县的气候、地理等自然优势条件，当地黔北麻羊的肉质要比一般绵羊更鲜嫩，味道更好，发展为当地的一种特色农产品。为打造这一特色产业，合作社为每位成员配备了铡草机、青贮窖，成员必须在合作社的指导下种植饲草，每位成员种草面积不得低于3亩（含草地复种）。除此之外，合作社还要求成员必须把已种植成形的黑麦草、玉米、高粱等青饲料先进行贮藏，经微生物发酵后再配以酒糟、粮食等精料喂养麻羊，以此为麻羊提供高质量饲草饲料，确保能培育优质麻羊。

（二）助力乡村建设

在农业产业化的基础上，合作社采取"公司+合作社+农户"的经营模式，让每个村民参与其中，不断发展壮大麻羊养殖产业，已打出当地特色品牌。合作社开拓了县内活羊销售、餐馆羊肉火锅、真空包装销往全国等多种销售渠道。依托合作社的产业发展，村集体的财力实现了从薄到厚的发展过程，村集体经济不断壮大，为村内基础设施建设和公共服务提供了稳定的资金来源。

（三）促进农民致富

百草彝黔北麻羊养殖农民专业合作社采取"公司+合作社+农户"的经营模式，本着"服务成员、共谋发展、共享利益、共担风险"的原则，公司负责保障成员种羊供给和产品市场销售，合作社负责统一进行疫病防治、饲草饲料管理，农户负责养殖，进而实现合作社内部责权利分明，公司、合作社、农户三方互利共赢。自合作社成立以来，共带动50人就业，入社成员一年人均收入达到3万元。

发展农民合作社的新探索
——世行贷款贫困片区产业扶贫试点示范项目案例集

图3 习水县百草彝黔北麻羊养殖农民专业合作社黔北麻羊专营店

四、经验启示

（一）"公司+合作社+农户"模式促进了合作社产销对接

通过该模式实现了产销对接、合作共赢，改变了传统的销售模式，采取兜底收购、随行就市、订单式发展等方式形成了比较稳定的市场价格，不仅有利于公司获得优质、稳定的订单，也有利于合作社和成员获得稳定收益，实现了优质优价。

（二）"公司+合作社+农户"模式提升了合作社技术管理水平

通过建立龙头企业与合作社的合作关系，组织合作社成员外出学习考察，开展有关养殖技术和管理模式的全方位培训，提高成员的饲养技术和管理水平，进而为合作社的内外快速发展提供了有力的外部支持。

（三）"公司＋合作社＋农户"模式延长了产业链，拓展了合作社收益

百草彝黔北麻羊养殖农民专业合作社除养殖麻羊外，十分重视与餐饮饭店的特色定制合作。通过积极发展线下实体店和加工厂，合作社实现了农产品生产、加工、销售有机结合，延长了产业链，提高了产品附加值，在逐步拓展自身生存空间和利润来源的过程中，为应对经营风险和实现长远发展找到了有效路径。

链接龙头企业，打造富民增收全产业链
——甘肃省环县恒基肉羊养殖农民专业合作社

> **案例摘要**
>
> 环县是甘肃省的养殖大县，但传统粗放的生产方式使农户在付出勤劳之后收入却增长乏力。在世行产业扶贫试点示范项目支持帮助下，环县恒基肉羊养殖农民专业合作社上连龙头企业，下连贫困户，打造肉羊产业种养加销一条龙的全产业链，通过"投羊还羔""订单养殖"等多种模式，引导成员按照企业标准组织生产经营，成员在种畜、饲养技术和销售方面均有保障，收入显著提升，产业致富的信心越来越足。

一、基本情况

在环县毛井镇红土咀村，养羊就是当地群众的传统，但由于采用传统粗放散养模式，老百姓总是投入多、产出低。2012年，在外创业的杨文斌带着新的养羊理念，回村成立了环县恒基肉羊养殖农民专业合作社。但刚一尝试，就受到市场波动的影响，2015年年初羊市低迷，1500元左右买回的种羊，养殖的肉羊只能卖到300元，合作社"养一天赔一天"。2016年市场开始复苏，环县的产业扶持力度也不断加大，合作社终于有了起色，养殖规模不断扩大，而此时资金压力又成了新问题。为了缓解这一问题，2017年环县首批世行产业扶贫试点示范项目决定将恒基合作社作为试点合作社予以支持。按照世行项目管理要求，合作社顺利完成改组，现有成员162人，妇女成员51户，占比为31.48%，项目区建档立卡户入社比例为80.1%。合作社先后获得世行产业扶贫试点示范项目投资417万元，采购湖羊1933只（公羊133只、母羊1800只），购置饲草料搅拌机和颗粒饲料机各一台，改造合作社集中养殖棚圈125平方米，新建50平方米饲料库，还为贫困户成员建设羊棚30座、新修产业砂砾路1千米，进行了动力电改造，配建了50平方米的办公用房和相应的办公设备，并逐步探索出一条由政府主导、项目引领、合作社搭台的三方联动产业富民新机制。

图1　环县恒基肉羊养殖农民专业合作社

二、主要做法

（一）创新农户增收模式，精准扶贫显成效

经合作社内部充分讨论，决定向贫困户成员每户投养10只基础母羊和一只公羊，成员在两年内按同等斤数返还合作社，合作社再投放给新入成员滚动发展。合作社对成员养殖肉羊实行统一回收、统一销售，盈利后根据回收数量进行交易量返还。对不养羊的农户，鼓励其发展饲草（种草、玉米、豌豆等农作物）种植，再销售给合作社，从而增加收入。

（二）开展技术咨询和培训，科学饲养保收益

生产规模扩大了，技术培训需要随之到位，才能保证农户分散养殖的产品品质，因此引进新技术、新品种，开展技术培训、技术交流是世行产业扶贫试点示范项目对合作社成功组建的重要标准和监测指标之一。2017年，合作社将第一批引进的330只基础羊分配给了30户贫困户后，就通过镇政府、畜牧局等部门邀请专家到合作社为成员培训，并带领成员到县上学习参观，实地取经，通过现场教学和观摩，促使技术化、科学化养殖观念深入养殖户心里。

（三）链接龙头企业，产销一体促共赢

世行产业扶贫试点示范项目重视合作社与企业的合作，建立生产加工销售的互补关系，从而延长产业链，将合作社扶持成为现代农业产业链中必不可少的一环，从而形成社企联合、带动成员可持续发展的长

效机制，并将此作为项目实施效果的监测指标之一。自脱贫攻坚以来，环县推行"三方联动、三变推动、品牌带动＋党建促动"的"331+"产业扶贫模式，加快产业扶贫的步伐。其中最重要的环节就是通过组建"龙头企业＋合作社＋贫困户"的三方联动产业联合体，创新农业组织形式和经营机制。2016年，环县引进内资建成了科学规范的养殖场和年可屠宰百万只肉羊的屠宰加工厂，打造肉羊产业种养加销一条龙的全产业链，为全县合作社肉羊深加工和农产品销路提供了重要支撑。

三、工作成效

在世行产业扶贫试点示范项目和县主管机构的扶持和引导下，恒基肉羊养殖农民专业合作社上连龙头企业，与加工销售企业签订技术服务、购销协议，由企业向合作社统一供种、保护价收购；下连贫困户，通过"投羊还羔""订单养殖"等多种形式，引导成员按照企业标准组织生产经营，成员的种畜饲养技术和销售均有保障，产业致富的信心越来越足。在合作社的带领下，目前在红土咀村的217户成员中，有189户养羊，羊存栏超过5.3万只，其中存栏超过100只的成员达到15户，靠羊产业年收入超过10万元的农户已达到50户。有了"投羊还羔"滚动发展的保障，合作社又陆续吸收大户掌村、马趟村成员加入，成员从改组之初的162户增加到682户，其中80%为贫困户成员。政府保资金、合作社保效益，带动贫困户持续增收的产业扶贫模式得到了成功的实施。

2017年，刘会永作为首批入社的成员，得到10只怀孕基础母羊，不到两个月，就多了近20只羊羔。"理事长是个细心的养羊人，就连我们给羊喂草都有明确的规定，比如奶羊和羔羊饲喂的量都不同。"对于养了大半辈子羊的刘会永来说，这么精细化的养殖还是头一回。在合作社科学饲养的要求和技术培训下，20只羊羔喂了不到半年，就出栏了10多只公羔羊，收入达一万多元。入社四年来，他家已存栏基础母羊80多只，出栏羔羊超过200只，收入超过20万元。

四、经验启示

一是依托项目，创新带农模式。依托项目高标准、高质量实施，创新了多种合作社联农带农模式，包括"投羊还羔"、"订单养殖"、务工带动、盈余返还等，联农、带农、惠农能力显著增强。

二是引进技术，促进科学养殖。新技术、新品种为肉羊产业种养加销一条龙的全产业链增光添彩，为合作社的科学化养殖提供了技术保障和销路支撑，进一步确保农户稳定增收和合作社持续盈利。

三是订单种植，绿色循环发展。合作社给有流转土地、耕作机械的成员发放籽种、地膜、羊粪，签订保护价回收合同，鼓励成员种植青贮玉米、燕麦草等。既调整了种植结构，又增加了成员增收渠道。

四是利用政策契机，实现多方联动。顺应利好政策机遇，项目建设高度契合当地政府产业发展理念，县级层面主要领导高度重视，政府牵头建设社企联合产销一体，带领全县逐步实现肉羊产业化、标准化、科学化发展，真正实现了企业、合作社、贫困户的多方共赢，为项目合作社可持续发展见效营造良好环境，提供坚强后盾并注入强大动力。

产加销一体化发展，提升中药材产品附加值
——甘肃省岷县中信中药材农民专业合作社

> **案例摘要**
>
> "药材好，药才好。"中药材是中药产业的源头，药材质量关乎中药产业的兴衰。身处中国当归之乡，岷县中信中药材农民专业合作社将统一技术标准、成员技术培训、品牌建设与市场拓展紧密融合，对中药材初级产品进行深加工，实行产加销一体化经营模式，延长产业链，提升中药材附加值，同时构建了科学的资金盈余分配机制，使合作社逐渐步入正规化、规模化发展，实现了成员集体增收。

一、基本情况

中药材是岷县的优势特色产业，是当地农民收入的主要来源之一。为解决单家独户在发展生产中所遇到的资金、物资、信息、技术、销售等问题，2008年在市县农业部门的精心指导下，由中药材加工、营销

大户羊峭发起，成立了岷县中信中药材农民专业合作社，2019年在世行产业扶贫试点示范项目的进一步支持下，完成合作社升级重组。重组后合作社有成员45户，贫困户40户，占89%。合作社获得项目总投资281.24万元，建设当归良种培育基地38亩、当归优质种苗培育基地50亩，建设当归、党参、黄芪饮片自动化生产流水线一条，购买320吨机械冷藏库制冷设备一套。重组后合作社扩大对初级产品深加工规模，带动周边区域共同发展，实现区域产业的链条延伸，提升中药材附加值；与高等院校及行业技术部门加强合作，培养技术能手；积极建立区域知名中药材品牌，加大产品宣传和市场营销，同国内大中型中药材加工企业签订了原产地供货订单销售，借助电商平台、直播带货等形成线上线下联动销售，以销促产，实现成员集体增收。

二、主要做法

（一）产加销一体化发展，推动产业链延伸

合作社随着种植规模的逐渐增加，销售渠道单一和销售效益较低的弊端凸显。为解决这一难题，合作社建立了"合作社+农户+企业"机制，并建立产加销一体化模式，一手抓产品质量，统一规范种植技术，一手抓市场开拓，统一进行中药材销售，对成员的中药材进行统一收购、加工、包装、销售。合作社建立了"岷州忠信""岷归元"商标，打造区域品牌，积极拓宽国内市场，生产的中药材精制饮片及罐

装、袋装、小剂量包装和精美礼盒远销深圳、广州、四川等地的国内大中型中药材批发市场。同时，合作社与多家国内大中型中药材加工企业签订了原产地供货订单和技术服务协议，一方面与公司形成稳定的产销关系，另一方面可获得长期的技术指导服务，大幅提高了产业链延伸带来的收入水平和稳定性。

（二）充分发挥致富带头人作用，引领合作社规范发展

羊峭，作为合作社理事长，群众基础扎实，经营能力、领导能力和学习能力都很强。在项目的支持带动下，羊峭带领合作社成员自筹40万余元，外加项目投资280万元，兴建了中药材晾晒场、高效烘干房、机械冷藏库、当归良种培育基地、当归优质种苗培育基地和办公用房，购置了当归、党参、黄芪饮片自动化生产流水线各一条及筛选机一台等固定资产，更新升级了合作社办公场所和设备。通过项目培训，他严格按照采购要求，组织合作社成员开展设备、基建采购。在采购谈判磋商过程中，他绞尽脑汁，与供货方砍价，为合作社全体成员要实惠、谋福利，得到了全体成员的高度赞扬和支持。

（三）股权重构，建立高效资金盈余分配机制

2019年，合作社在开展重组工作中，经全体成员大会表决通过，重新设置了股权机构，按照投资1000元1股计算，重组后的合作社有大户1户，持股300股，占比9.35%；一般户4户，每户持股100股，占比3.12%；贫困户成员40户共持股1743股，占比54.35%。在引入项目资金的同时切实保障了大多数普通成员和贫困户成员的利益。在

盈余分配方面，主要按交易额比例返还，返还总额不低于可分配盈余的60%。返还后的剩余部分，以成员账户中记载的出资额和公积金份额，以及合作社接受国家财政直接补助和他人捐赠形成的财产平均量化到成员份额，按比例分配给本社成员，并记入成员个人账户中。

（四）注重"产学研"合作，实现合作社技术升级

合作社不断加强产业技术升级，每年聘请市县专家讲师及技术人员指导。在县项目办的协调下，已招聘大专院校技术人员 6 人，其中获得专业技术职称 4 人，同时和甘肃中医药大学建立技术帮扶机制，通过对农户进行标准化种植、病虫害防治、规范化加工培训，培养出种植、加工技术能手 50 余户，让 100 多名成员掌握基本的科学种植、精细加工技术，完成中药材精深加工生产。合作社被县农广校确定为县新型职业农民培育实训基地，被甘肃中医药大学确定为原产地—地产药材种子种苗培育基地。

（五）电商引领，建立多渠道网络营销

经历多年中药材市场行情的波动，合作社意识到，除了靠技术进步转型，还需要进一步拓宽市场销路。为此，合作社大力发展电子商务，在原有销售模式下增加了网络直播销售渠道，并借助 VLOG（视频日志、视频记录、视频博客）平台大力发展网红经济，将合作社的中药材进行多元化销售，提高合作社收益。同时在中国农业信息网、自媒体、中国农民专业合作社综合服务网等公众服务平台注册账号达到 50 多个，销售无公害绿色产品，与广大消费者建立更多联系，有效拓宽了市场，形成了全方位立体化营销体系。

三、工作成效

（一）种植规模不断壮大

项目实施以来，合作社与成员签订了土地流转协议，将原来的分散土地集中进行利用，带动成员和当地农民开展规模化种植，建设中药材标准化绿色种植基地。目前，合作社种植基地达到500亩左右，辐射带动周边农户、村社群众建设近千亩。通过基地建设便捷地开展了机械化田间作业，在节约人工成本的同时，更加有利于规范化种植、管理、采收，中药材产业规模进一步壮大。

（二）产品销路不断拓宽

坚持"民办、民管、民受益"的原则，在项目办的指导下，通过多种方式带动成员增收，广泛与成员及当地农户签订种植收购协议，通过种植、初选、晾晒等加工方式，近年来共增加脱贫户成员临时就业岗位3000多人次。同时，开展以地产药材为主的保质量、高品质、精美饮片加工，利用1200平方米的无尘标准化车间，精深加工中药材产品，先后生产了中药材小剂量包装、茶料包、汤料包等相关产品，远销深圳、广州、四川等各大中药材批发市场和沿海城市。与国内大型中药材加工企业四川安特、玉林仁协等企业合作，签订原产地供货销售订单，受到客户一致好评。实现销售收入500多万元，安置贫困户就业20多个。

（三）成员收入不断增加

全面推行"企业+合作社+农户"的产业发展模式和"七统一分"组织管理模式，加大资金投入力度，因户制宜，扶持群众发展中药材产业。合作社中药材种植面积稳定在500亩以上，其中当归300亩。随着县上对中药材产业的重视程度不断提高，2023年岷县成功举办了当归大会，全面提升了"岷归"品牌形象，也为合作社中药材产品的推介创建了更为广阔的平台。2023年召开了当归大会；截至2023年10月底，合作社当归产量达到500吨以上。加之中药材市场价格持续上涨，农民产业收入大幅增加，脱贫成果持续巩固。目前，合作社带动的成员通过中药材产业发展人均增收500元以上。

（四）产业链条不断延长

在现有的基础上加大投资延长产业链，依托"岷州忠信""岷归元""悦之霖"品牌，与营销机构、外省客商合作，采取订单、配送等手段及时扩大合作社产品销量。开发了以地产中药材当归、党参、黄芪等主要成分为主的精深加工系列产品，地产药材浸膏、地产药材复方原材料开发生产、洗漱保洁用品、卫生消杀用品、化妆品水、乳、精华、霜等一系列的日化产品。提高产品附加值，对符合质量标准的产品进行加工、包装和销售。与直销运营公司合作，建立销售团队聘请网红、打造直销平台、网店以直播带货线上线下综合销售的方式，专业销售原药材、饮片、剂量包装、精深加工系列的中药材产品。

四、经验启示

一是紧密的利益链接机制是激发成员内生动力的有效方式。通过合作社延长产业链条，建设绿色标准化种植基地，成员通过现有的土地、农机、技术等资源与合作社密切合作，从而形成了更为有效的利益链接机制。同时，通过专业评审的扶贫项目经营性资产联农带农机制，使合作社与农户通过生产、加工、经营多个环节充分结合，为种植加工和市场经营活动提质增效。理事长得到成员群众的高度认可与支持，合作社自建的当归、党参、黄芪饮片自动化生产流水线和育种、晾晒、烘干、冷藏设施贯穿覆盖合作社育种、种植、加工各环节，为成员群众增收致富带来了看得见的实惠与便利。合作社成员的利益得到有效保障，扩大生产的积极性更高。

二是产品的精深开发是提高附加值的有效手段。在注重"产学研"合作的基础上，不断开发低端农产品，经过产业技术升级后，优化和提升了生产效益及产品竞争力，并且更容易得到政策的支持。通过合作社开发的养生保健、食药同源、日化用品等本身具有质优价廉、物美实用的特征，大大提升了初级中药材产品的加工转化增值空间，同时也提供了更多的就业岗位。这既提升了合作社的生产效率，也拓宽了成员的收入渠道。合作社与三九药业、安特、天贝药业等国内大中型中药材加工企业签订了原产地供货订单销售，打造"岷州忠信""岷归元"商标品牌，有效拓宽省外市场，进而通过统一收购批发、提供生产服务、扩大利润空间等使农户获益。

　　三是项目资金的投入是促进合作社发展的关键因素。合作社通过世行产业扶贫试点示范项目资金的注入，从原有的五个发起人、七八个贫困户进行全面改组，带动了本村大部分农户加入，并且对合作社原有的生产条件进行了全面升级改造，建设了标准化的办公用房、车间、冷库等，购置了一系列产品加工设备，有效延长了产业链条，也使更多的成员、农户围绕产业链条各个环节实现了务工、技术、销售等多方面的增收与合作。通过世行产业扶贫试点示范项目的多次培训，全新理念的输入和吸收使理事长、理事会成员、成员农户对合作社有了新的认识，经营管理更加规范，启发大家对发展产业、研发产品、拓展销路的新思想，树立了信心。2020年，合作社收购各类地产中药材310多吨，通过项目办支持，投入世行产业扶贫试点示范项目资金建设了可储存300多吨药材的冷藏库两座，彻底解决了合作社种植药材采挖后无处长期存放的问题，有效提升了合作社应对市场风险的能力，为可持续发展奠定了坚实基础。

建设特色产业全产业链，推进合作社持续发展
——贵州省大方县三合森源中药材种植专业合作社

> **案例摘要**
>
> 　　大方县三合森源中药材种植专业合作社在组建、发展及运营过程中，结合市场需求，充分挖掘高山生态资源优势，打造以天麻、冬荪、羊肚菌种植、销售为主，萌发菌、蜜环菌、冬荪菌种生产、销售为辅的特色产业，做好全产业链建设，同时注重风险防控，走出了一条生产发展、生态良好的产业发展道路。

　　大方县山区居多，常年云雾缭绕，适合种植天麻、冬荪等喜阴的名贵药材。而且天麻、冬荪生长在天然树林形成的树荫下面，不占用耕地，非常适宜在当地种植。大方县三合森源中药材种植专业合作社基于资源禀赋和比较优势，突出品种特色、地域特色、人文特色，积极发展特色养殖、中药材和食用菌等市场潜力大、工艺独特或对自然条件依赖性强的特色产业，做到人无我有、人有我优。

一、基本情况

大方县三合森源中药材种植专业合作社位于大方县长石镇，覆盖山坝村13个村民组，于2017年9月11日注册成立，注册资金168.69万元，主要从事天麻、冬荪、羊肚菌种植和销售。合作社成员共319户，其中"能人大户"4户，一般农户107户，脱贫户240户，少数民族48户，妇女成员99户。农户以10年5000元/亩的山林折价入股，或者以现金100元/股入股加入合作社。2018年2月，毕节市扶贫开发办公室批复合作社投资计划书，至2022年，累计投入世行产业扶贫试点示范项目资金1511.65万元，用于建设合作社办公用房、加工厂房及配套设施、购买办公设备、原种采购、病虫害防治、成员培训、市场营销等。"能人大户"及其他成员自筹运营资金39.99万元，用于合作社日常运转。

二、主要做法

在运营管理过程中，合作社始终坚持"一个目标管理、四方面风险防控"的工作思路，以突出特色为核心、规范化运营为保障、全产业链打造为抓手、持续稳定增加成员收入为目标，强力推进合作社发展，确保实现合作社盈利、成员持续增收。

发展农民合作社的新探索
——世行贷款贫困片区产业扶贫试点示范项目案例集

图1 合作社成员进行接种、菌种装袋、种植天麻等活动

（一）坚持延链、优链、强链，强化全产业链体系

三合森源中药材种植专业合作社坚持以打造全产业链为导向，做好延链、优链、强链，强化了产业链体系，实现合作社顺利发展，并实现较好的生产效益。一是做好延链。合作社不仅种植天麻、冬荪、羊肚菌，也开展萌发菌、蜜环菌、冬荪菌种生产，提高了合作社产品的区分度，同时纵向整合、产销贯穿，推动当地食用菌特色农业产业提档升级。二是探索优链。品牌建设是当地特色农产品发展的弱点，也是需要建设的重点。合作社通过探索品牌建设，注重发挥当地绿色、有机产业的优势，努力创造价值增长点，着力打造当地食用菌特色产业的软实力、新亮点。目前合作社已经开通线上电商销售方式，拓展销售渠道，并逐渐产生品牌效应。三是聚焦强链。产业链的建设离不开经营主体的

带动。合作社带头人擅于把握商机，并具有良好的产业链合作网络，在合作社生产中加强了对销售和品牌的带动，实现了全产业链主体共建、互惠共赢。

（二）基于市场变化，动态调整产业发展方向

合作社建立之初，以当地特色的天麻种植作为产业主导方向。天麻的市场价格高，成本优势明显，但由于种植过程常常受气候、野生动物破坏等自然因素影响，风险高，且生产周期较长，一年仅能收获一季。为了尽快实现盈利和带农效应，结合到当地湿度大的气候特点，合作社调整了原有产业结构。一是在种植方面，考虑到当地气候湿度大，种植食用菌和竹笋也极为适合，合作社尝试在山林间种植这些成本更低、生产周期短、生产风险小的农产品。食用菌和竹笋种植一次可以采收3年，投入小、见效快。而且合作社所在区域主要为山林，生产用地资源丰富，菌种和竹笋的发展前景更好，具有可持续性。二是在生产加工方面，为解决外购菌种成本过高的问题，合作社自行研发生产萌发菌、蜜环菌、冬荪菌种，有效降低天麻、冬荪种植成本，并且对外销售菌种，增加合作社收入。

（三）强化风险防控，推动合作社规范高效运营

合作社开展四方面风险防控，提升运营效率。一是技术管理风险防控。合作社管理人员及成员积极参加各类培训，累计参与各级各类培训36人次；聘请一位从事菌种生产20余年的技术专家驻社进行生产指导，及时解决技术问题，避免造成更多的损失。二是内部管理风险防

控。为确保生产运营管理规范，合作社积极协调、动员村干部加入管理层，指导开展管理工作。同时强化生产管理及财务管理，设立基地管理员、库管员、监督员，聘请业务经理和专业会计、出纳，严格进行财务管理。建立生产运营管理及出入库台账，每天对台账进行审核签证并实时公示，接受成员及群众监督，杜绝由于管理漏洞造成的损失。三是自然灾害风险防控。安排成员进行巡山管理，实现巡山常态化，做到自然灾害及时发现、及时止损。结合当地气候及自然资源条件，开展多元化种植，合理确定天麻、冬荪、食用菌及竹笋等产品的种植比例，确保不把"鸡蛋放在一个篮子里"，有效降低自然灾害风险。四是市场销售风险防控。合作社在制定盈利计划时首先考虑市场销售问题，以订单农业或合作发展模式开展生产运营，根据提前签订的销售合同，有计划、有步骤地安排生产。同时，注重产品质量提升及品牌打造，合作社已注册三合森源商标，并积极申请有机认证。

三、工作成效

在世行产业扶贫试点示范项目理念的指导下，大方县三合森源中药材种植专业合作社逐渐实现稳步、健康的运营发展。自组建以来，合作社除建设加工厂房、生产设施、采购设备外，还修建产业路 33.06 千米、水池 4 个、输电线 0.57 千米，极大改善了项目区生产生活条件，发挥了明显的经济、社会及生态效益。合作社带动项目区农户种植中药材及食用菌，种植规模从 2018 年的 800 亩增加到 2022 年的 1300 亩；为当地群众提供稳定就业岗位 43 个，发放工资 190 余万元；解决当地群众就近灵活就业 65000 人次，发放工资 630 余万元。合作社自 2020 年开始实现盈余，收入主要来自菌种的销售。2021 年合作社盈余 15 万元，提取 12% 的公积金和 3% 村级集体经济后，剩余盈余 12.7 万元全部分配给成员。项目区农民人均纯收入从 2018 年的 9316.49 元提高到 2022 年的 12215 元，其中脱贫户人均纯收入从 2018 年的 6892.86 元增加到 2022 年的 11802.19 元。

图 2　大方县三合森源中药材种植专业合作社召开大会分配盈余

四、经验启示

大方县三合森源中药材种植专业合作社的成功经营和发展，得益于

发展农民合作社的新探索
——世行贷款贫困片区产业扶贫试点示范项目案例集

其立足当地特色优势产业，加强规范化管理，减少损耗，根据产品特点以销定产，实现了合作社的稳健发展。

（一）因地制宜选准特色产业是合作社成功运营的基础

产业选择是合作社发展面临的首要问题。选择合适的产业既能促进合作社健康持续发展，也助力区域经济发展、带动脱贫人口增长收入。三合森源中药材种植专业合作社始终立足于大方县典型特色，选择中药材和食用菌等适宜当地种植且市场潜力大的特色产业，为合作社的顺利发展奠定了重要基础。

（二）绿色生产是提升产品质量和实现可持续发展的方向

三合森源中药材种植专业合作社坚持严把特色农产品质量关，依托当地的绿水青山发展绿色农产品，采用生态环境友好的生产方式，既加强环境资源保护，也推动形成保护与开发并重、生产与生态协调发展的绿色发展方式，确保了产品质量和可持续发展能力。

（三）顺应市场需求是保持合作社发展优势的重要前提

合作社在发展过程中，需要结合市场需求导向，及时调整生产方向，以保持合作社的发展优势。随着云贵地区对菌类等山珍种植的热衷，菌种、竹笋的市场需求大，发展前景好。三合森源中药材种植专业合作社顺应市场需求的大趋势，认识到菌种和竹笋市场销路好、见效快，在同类农产品中最能适应日益激烈的市场竞争，从而及时调整发展重点，逐渐转向种植食用菌和竹笋及生产萌发菌、蜜环菌、冬荪菌种产业，为合作社早日盈利、农户早日创收创造了有利条件。

（四）规范化管理是合作社高效运营的保障

管理不规范是许多合作社发展壮大面临的制约因素。通过内部管理风险防控的系列举措，三合森源中药材种植专业合作社有效防控生产管理、销售管理、财务管理等各种管理风险，实现了生产运营的规范化和高效率，为合作社持续发挥带动作用提供了条件和保障。

发展优势特色产业，小香菇撑起"致富伞"
——甘肃省陇西县卜家渠蔬菜种植农民专业合作社

案例摘要

贫困地区优势特色产业发展普遍面临着项目难选、资金短缺、技术力量薄弱等问题。陇西县卜家渠蔬菜种植农民专业合作社立足本地自然资源优势，在世行产业扶贫试点示范项目资金扶持下，把高原夏菜和食用菌作为主导产业，建立食用菌菌棒生产扶贫车间，创建贫困户"四优先"的帮扶带动模式，为周边群众提供香菇种植技术、管理要领、鲜菇储藏、干菇加工及销售等服务，以产业融合治理，促进基层治理创新。目前，当地香菇产业初具规模，初步形成了完整的产业链条，小香菇成为助农增收的新产业。

一、基本情况

陇西县卜家渠蔬菜种植农民专业合作社注册成立于 2015 年 8 月，

后于 2018 年 7 月 1 日进行改组，会员 286 人，主要为脱贫户。合作社建有蔬菜种植大棚 85 座，标准化食用菌种植大棚 26 座，占地 4 亩的食用菌菌棒生产扶贫车间 1 座，冷库 4 座，烘干设备 1 套，年产菌棒 150 万棒。合作社大力发展食用菌及高原夏菜种植，业务范围逐渐从菌种及菌棒的研发、生产和销售发展为香菇种植、储藏、收购、初加工、销售等一体化的菌菜产业。

二、主要做法

（一）因地制宜打造特色产业，联农带农效益不断凸显

合作社所在的马河镇四季分明，日照充足，气候温和，昼夜温差大，良好的自然气候条件有利于反季节香菇产业的发展和高原夏菜的种植。同时镇区交通便利，通信便捷，利于蔬菜和香菇的及时销售。为此，合作社依托独特的自然优势和交通优势，把食用菌和高原夏菜作为主导产业，积极吸纳和带动贫困户，不断扩大种植规模。近年来，通过合作社带动，全镇种植高原夏菜 750 亩，其中贫困户种植 280 亩；62 户贫困户经营食用菌大棚 130 座，产业扶贫效益不断凸显，有力促进了经济发展。

（二）建立扶贫车间，壮大产业发展规模

2018 年，合作社积极争取世行产业扶贫试点示范项目，投资 562.8 万元，建成占地 10 亩的食用菌菌棒生产扶贫车间一座，养菌棚 20 座，烘干设备一套。投产运营后，日产菌棒 1 万棒，年达产菌棒 150 万棒，

发展农民合作社的新探索
——世行贷款贫困片区产业扶贫试点示范项目案例集

提供固定工作岗位50多个,完全满足全镇现有的130座香菇大棚及周边乡镇种植户的生产经营需求。该项目立足高起点、高技术、现代化,有效缓解食用菌菌棒供应不足、种植品种单一等问题,进一步扩大了区域香菇种植规模,提高了全镇食用菌菌种质量,推动全镇食用菌产业向正规化、标准化方向发展。项目的投产为镇区经济和社会发展注入新的更大的活力。

(三)建立利益共享机制,促进农户致富增收

合作社对贫困户实行"四优先"的帮扶带动机制,即优先加入合作社、优先签订用工合同、优先流转土地、优先提供服务。通过项目实施,直接受益贫困户达283户994人。同时,合作社积极为周边群众提供香菇种植技术、管理要领、鲜菇储藏、干菇加工及干、鲜香菇销售等服务,这些服务既提升了农户种菇的积极性,又降低了农户种植过程中的风险,促进了香菇种植规模化,提升了香菇的品质和效益。

图1 甘肃省陇西县卜家渠蔬菜种植农民专业合作社

（四）以产业融合治理，促进基层治理创新

合作社的理事长梁卫平是陇西县第十七届人大代表。马河镇将人大代表工作室建设延伸到香菇种植产业链，在陇西县卜家渠蔬菜种植农民专业合作社建立了人大代表工作室，以产业发展为切入点，进一步拓宽人大代表与选民群众的联系平台。自建立以来，梁卫平经常走村入户，与群众深入交流，了解社情民意，先后提出了《关于加大食用菌产业投入力度的建议》等7条意见建议，并被相关部门采纳及落实。代表工作室从产业发展、农村低保、医疗保险、交通安全、精准扶贫5个方面解民忧、纾民困、惠民生、暖民心，为全镇打赢脱贫攻坚战、促进经济社会发展发挥了积极作用，也为合作社发挥基层治理功能创新了模式。

三、工作成效

在世行产业扶贫试点示范项目支持下，合作社在多个层面上促进了价值共创和利益共享。

一是贫困户增收渠道不断拓宽。合作社长期吸纳40多名贫困户劳动力到合作社务工，年发放务工工资120多万元，贫困户收入直接增加20000元以上。

二是村级集体经济不断壮大。通过村级集体资金入股分红的带动，对马河镇6个村进行分红，年分红资金达20多万元，实现了合作社有发展、村级集体经济有保障。

三是引领示范作用不断发挥。合作社积极带动 30 多户农户种植香菇大棚，实现户均增收 1.5 万元以上，群众增收渠道进一步拓宽。

四是利益共享机制不断完善。合作社充分利用世行产业扶贫试点示范项目资金，本着利益共享的原则，将盈利利润的 10% 作为公益金，用于发展村级集体经济，20% 留作合作社的风险金，剩余利润为可分配盈余。其中，可分配盈余的 70% 按照成员交易量返还，30% 按照股份分红。合作社共带动 283 户贫困户成员增收。

四、经验启示

一是区域优特产业与规模化生产加工相结合，谱写乡村产业发展新篇章。合作社通过发挥当地自然气候条件有利于反季节香菇产业发展的优势，建设多座规模化的种植大棚和冷库及烘干车间，带动了当地香菇产业体系的建立，有效促进了乡村产业兴旺、合作社发展和成员农户增收。

二是坚持技术创新引领，高效发展现代农业。合作社在菌种选取、菌棒培育及初级加工过程，均具备较高技术含量，尤其是破解了当地菌种单一、品质不高等问题。此外，合作社生产的菌棒能够取得当地农户和广大消费者信赖并迅速占领市场，充分彰显了高技术、高品质、高效益的现代农业内涵。

三是完善多方利益联结机制，实现经济社会综合效益。合作社通过对贫困户实行入社、务工、流转土地、提供服务"四优先"的帮扶带动，积极为周边群众提供生产加工和销售技能培训，对周边6个村庄进行分红，将人大代表工作室设延伸至合作社以吸纳群众意见建议等做法，不断发挥引领示范作用，取得显著社会效益。

联农带农
——伙伴关系建设篇

建立包容小农户的现代农业经营体系是中国重要的农业政策。近年来，中共中央办公厅、国务院办公厅先后印发了《关于加快构建政策体系培育新型农业经营主体的意见》《关于促进小农户和现代农业发展有机衔接的意见》等一系列重要政策文件，支持保护小农户发展。为合作社、社区和农户小组提供培训和技术服务，支持农业企业加强与目标农户或农民小组之间的联系，是世行产业扶贫试点示范项目促进小农户和现代农业发展有机衔接的重要策略。

如何建立包容小农户的现代农业经营体系是农业政策面临的难题。一方面，资本的逐利性不利于建立包容小农户的现代农业经营体系；另一方面，小农户组织成本高也成为小农户和现代农业发展有机衔接的障碍。项目通过合作社运营辅导制度建设，充分发挥合作社本土营运经验，结合益农的贷款准入、监测和评估制度，诸多项目合作社逐步建立了不同模式的包容小农户的农业经营制度。

项目实施以来，联农带农效果是显著的。贵州省桐梓县容光诚雄种养殖农民专业合作社采用集采农资统一销售、以市场价加交易返还方式收购社员产品，建立了惠益小农户的农业经营体系。四川省美姑县拉里种养殖专业合作社通过选好产业，开展统

发展农民合作社的新探索
——世行贷款贫困片区产业扶贫试点示范项目案例集

一认识、统一种苗、统一管理、统一采摘、统一销售服务，有效破解了合作社联农带农经营发展的难题。甘肃省渭源县五竹田园牧歌养殖专业合作社创新形成养殖带动、饲草带动、务工带动、订单带动及盈余分配的惠益小农机制，建立了完善的盈余收益分配制度。

作为针对联农带农有明确要求的合作社项目，探索的这些惠益小农的措施和办法，在制度和操作上形成了丰富的实操经验。本篇案例展示的一些合作社的发展举措，希望能够引起读者继续追寻项目实施管理制度的兴趣。

红红火火花椒树，联农带农促增收
——贵州省桐梓县容光诚雄种养殖农民专业合作社

> **案例摘要**
>
> 贵州省桐梓县容光诚雄种养殖农民专业合作社立足发展当地花椒产业，主要开展花椒种植、加工、包装及销售等活动。合作社秉持世行产业扶贫试点示范项目注重项目效益、财务管理、农户参与的发展理念，坚持以产业为先导、以农民为主体，加强成员内部合作，通过党建引领、品牌打造、对接市场、技术赋能、统购统销、能力建设及多元化发展等举措，有效改善了生产生活条件，带动了小农户增收，取得了产业兴旺、村强民富的良好成效。

一、基本情况

容光诚雄种养殖农民专业合作社位于遵义市桐梓县容光镇新街下场口，项目区为容光镇联龙村、双垭村、螺丝村、云丰村和云龙村。合作社注册成立于 2016 年 6 月，2018 年 11 月在世行产业扶贫试点示范项目支持下改组。项目总投资 585.96 万元，其中世行贷款资金 290.08 万元，国内配套资金 235.88 万元，合作社自筹资金 60 万元。合作社主要从事花椒种植、加工、包装及销售等业务，成员共 981 户，其中农户 971 户、村集体 1 个，现金出资成员 9 户。脱贫户成员 524 户，占项目区脱贫户的比例为 88.8%；女性成员 370 户，占合作社成员的比例为 37.72%。

二、主要做法

（一）注重支部引领，提升合作社集体行动能力

合作社采取"村集体＋合作社＋农户"的组织形式，选举云龙村村支书胡林担任合作社理事长，云龙村原村支书曾凡林担任副理事长，在合作社成立党支部，坚持把党建工作与合作社建设深度融合，突出党建工作在合作社运营中的引领作用，以产业发展、促农增收为目标，引领合作社高质量发展。

（二）坚持品牌打造，有效对接市场

合作社坚持以市场为导向，通过市场主导、政府引导、群众参与，致力打造绿色花椒品牌，努力提高产品的市场竞争力和市场占有率。合作社注册有"云霓香"商标，花椒产品获得食品安全生产许可证和绿色食品认证，品牌打造初见成效。目前合作社干花椒、保鲜花椒、花椒油

产品均在线上线下同步销售,在本地市场广受好评。

(三)促进技术赋能,确保产业发展质量

合作社聘请外地花椒专家或专业人士开展花椒种植技术培训15场,共计727人次,选送技术人员外出学习培训9人次,组织本社成员外出考察10次。对成员在花椒种植过程中遇到的各种问题,合作社统一咨询专家后安排技术员到田间地头指导椒农,使问题陆续得以解决,真正给椒农排忧解难,为成员种植花椒保驾护航。

图1 桐梓县容光乡诚雄种养殖合作社厂房

(四)集采农资统一销售,实现惠农、益农

合作社设立了产业发展门市部,实行专人坐班制,以低于市场价的价格向成员和椒农供应农资产品。自成立以来,合作社年均向成员以低于市场价 5%～10% 的价格出售肥料 70 吨、农资产品 20 吨、农药 2 吨，成员户均每年在购买农资、农药、肥料上节约 350 元。从 2019 年开始，合作社每年均以高于市场价 0.5～1 元 / 斤的价格对本镇椒农达到市场平均标准的鲜花椒进行保底收购，市场的风险由合作社承担，用合作社产供销一体化的产业链条最大化保障群众的收益，解决了成员种植花椒的后顾之忧，进一步增强了成员发展花椒产业的信心和决心。

图 2　合作社产业发展门市部

（五）注重多元发展，注入产业发展活力

为抵御市场变化和季节性产业发展影响，避免设备季节性闲置，进一步增加经营收入，合作社充分利用烘干设备，把收购的本地高粱烘干后出售给酿酒企业。2020 年收购高粱 200 余吨，2021 年收购高粱 800 余吨，2022 年收购高粱达 900 吨，平均每吨高粱可盈利 200 元，年均通过高粱产业盈利 12.67 万元，有效打造更多盈利点。此外，合作社还尝试开展中药材烘干出售、收购本地蔬菜加工销售等经营活动，扩大合作社的经营范围。

三、工作成效

(一) 产品销售供不应求

合作社通过与本地餐饮企业合作及线上线下结合的方式，对外销售花椒。经过近三年的持续供应，合作社花椒产品以优秀的品质广受本地群众和临近地区市场的青睐。合作社年均收购花椒105.5吨，与10余家餐饮企业签订了供货协议，把每年采摘的80%的鲜花椒通过杀青灭菌包装成保鲜花椒，供货给各餐饮企业，把15%的鲜花椒加工为干花椒进行批发或零售，把5%的鲜花椒加工为花椒油进行零售，年均销售额达到172.24万元，花椒产品基本供不应求。

图3 合作社成员采摘花椒

（二）交易量返还逐步兑现

合作社每年以 4～6 元/斤的价格收购成员种植的鲜花椒，高于市场价 0.5～1 元/斤，每斤产生 0.5～1 元的交易量返还。2020 年至 2023 年，合作社年均收购花椒 105.5 吨，年均交易额达到 95 万元。加上花椒加工销售、高粱烘干等业务的收入，合作社年均按交易量返还给成员的可分配盈余达 27.3 万元，成员每年户均通过交易量返还增收 1124 元，有效保障了花椒种植户对产业发展的信心和决心。

图 4　贵州省桐梓县容光诚雄种养殖专业合作社根据成员交易量分配盈余

（三）提供就近就业机会

通过世行产业扶贫试点示范项目的建设，合作社不仅保障了本地花椒种植户的产品销路，更额外提供了就近就业机会。花椒种植基地和加工厂每年可提供 30 个就业岗位，参与务工的成员户均增收达 6000 余元。

四、经验启示

（一）合作社发展必须持续强化人才培养

合作社持续加强对管理人员、成员的管理和培训，提升其能力和水平，以此保障合作社的健康发展和取得长久成效。合作社积极对接相关部门，邀请专业技术专家组建咨询团队，及时采取有效措施应对解决经营过程中出现的各种问题。同时，合理引进专业人才，通过严格把关、适当提高报酬、鼓励骨干提升自我能力，并建立合理的晋升机制，吸引并留住人才，助力合作社持续发展。

（二）合作社发展必须持续整合资源

按照"差什么引什么、弱什么补什么、强什么增什么"的原则，合作社充分利用自身优势资源，补齐发展过程中的短板，持续在品牌建设、产品开发、市场营销上下功夫，促进合作社良性发展。

（三）合作社发展必须严格规范管理

合作社在运营过程中不断健全完善并严格执行内部管理制度，规范运营管理，建立收购、销售、库存台账，做好财务账目，规范资料收集和存档，促进合作社良性发展。

（四）合作社发展离不开多元化经营

为最大限度降低市场变化和季节性产业发展对营收带来的不利影响，合作社在采购生产设备时充分考虑了设备的功能性，一方面在原有产品的基础上再进行精深加工，积极研发更多花椒产品，延伸农产品产业链，增加产品附加值；另一方面，结合市场需求，合理利用现有设备，发展高粱、小麦、中药材、蔬菜等其他产业，不断探索与其他企业的合作模式，打造更多盈利点，进一步提高收入，带动地方产业发展。

织牢联农带农的纽带

——贵州省织金县兴农种养殖农民专业合作社

案例摘要

贵州省织金县兴农种养殖农民专业合作社通过发挥村主任的组织领导能力和丰富的生产经营经验，立足当地自然资源优势，发展桑树种植、蚕茧生产、蚕丝被加工与销售，带动成员致富。农户通过以土地折价或现金入股、在合作社务工等多个渠道获得土地流转费、股金分红、务工工资，增加家庭收入。该合作社的发展表明，良好的组织管理、理事长的带动能力、多元化的经营模式是促进合作社可持续发展的有效途径。

一、基本情况

贵州省织金县茶店乡兴农种养殖农民专业合作社按照世行产业扶贫试点示范项目理念和要求，由原织金县龙井村合作社改建成立，于2019年10月开展宣传发动，同年12月18日注册成立，注册资金100

发展农民合作社的新探索
——世行贷款贫困片区产业扶贫试点示范项目案例集

万元,主要经营业务为桑树种植、蚕茧生产、蚕丝被加工与销售、蚕种培育等。合作社项目覆盖龙井村6个村民组,成员222户,其中农户成员219名,非农户成员3名。农户成员中含脱贫户85户(土地入股脱贫户46户,无土地入股脱贫户39户)。2020年1月,合作社投资计划书获得批复,得到世行产业扶贫试点示范项目资金646.26万元,另有1万元捐赠款,成员股金297.43万元。

图1 贵州省织金县兴农种植养殖农民专业合作社办公用房、厂房全貌

二、主要做法

一是规范合作社运行机制。合作社于2019年12月15日召开成员代表大会,选举出理事会成员5名,其中理事长1人,副理事长1人,

理事 3 人；监事会成员 5 人，其中监事长 1 人、监事 4 人。理事会和监事会成员里共有 3 名脱贫户、2 名女性。按照"凡事过会，共同协商"的原则，合作社经营事项均按章程规定组织会议研究决定，并将会议纪要通过微信群进行公示，接受成员的建议和意见。合作社注重资金使用支出的公开透明，执行"一月一公示"的工作制度，定期向成员公示财务支出情况，主动接受成员监督。

二是采取集中管理 + 分散带动经营模式。合作社生产以基地统一标准种植加工为主，带动合作社以外的 11 户分散生产的成员，为其免费提供生产原料和蚕种，有针对性地提供养殖技术的培训，并在销售时牵头出售成员自家生产的相关农产品。

图 2　织金县兴农种植养殖农民专业合作社正在进行桑蚕喂养

三是发展多样化营销渠道创收。合作社一方面不断拓展主要产品市场，以订单的形式将产品销往贵州省黔东南州榕江县，另一方面不断开发关联产品，增加合作社收入来源。例如，合作社种植的桑叶不仅用于自身养殖蚕茧，也向县内其他桑蚕合作社进行销售；合作社还坚持废弃材料的综合利用，将桑树枝卖与生物燃料公司，将蚕砂发酵处理为肥料，用作其他农作物种植肥料，获取额外收益，形成县域内产业互补，降低生产成本。

四是多方位提升技术能力。合作社聘请桑树种植、蚕蛹养殖和加工方面的高级技术人员，引进先进的种养殖技术和加工技术。合作社不断加强人才队伍建设，组建高效、规范的经营管理团队和技术团队，并组织骨干成员外出参观和培训，进一步提升他们的技术能力和水平，再通过骨干力量示范带动其他成员的方式提高合作社总体产业技术水平。

图 3　织金县兴农种养殖农民专业合作社 2022 年桑蚕种养培训

三、工作成效

一是形成完整的产业链。织金县兴农种养殖农民专业合作社在世行产业扶贫试点示范项目的支持下，修建养殖小区和加工车间、购买设施设备、打造品牌、创建电商平台，提升了合作社综合生产能力，形成包含种养、加工、销售的种桑养蚕产业链。合作社现有桑园1200亩，2021年正式投入生产，年产蚕茧量达40500斤，70%的优质茧直接进入市场销售，售价为28元/斤左右，年蚕茧销售额约为79万元；30%的蚕茧用于生产蚕丝被，可以生产蚕丝被1500余斤。目前，合作社已经申请注册"保桑"牌蚕丝被品牌，市场价格380元/斤，年销售额约58万元，进一步提高产业示范带动能力。

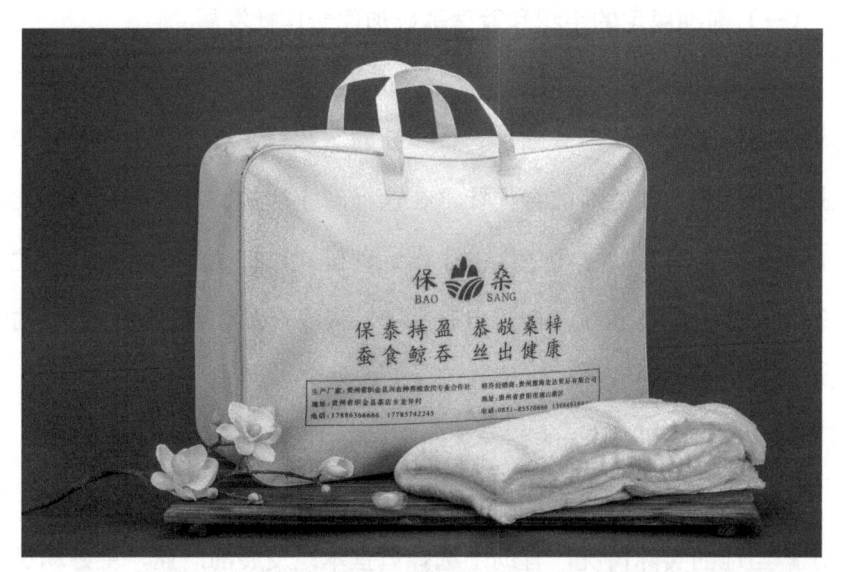

图4　织金县兴农种植养殖农民专业合作社注册"保桑"牌蚕丝被品牌

二是多种联结形式带动农户增收。合作社以不低于市场价向农户收购蚕茧,并为脱贫户成员提供务工岗位,年均发放务工工资 50 万元。农户成员除了按照交易量获得收益外,还能通过以土地折价或现金入股、在合作社务工等渠道获得股金分红、务工工资等收益,增加家庭收入。

四、经验启示

织金县兴农种养殖农民专业合作社在组建、发展及运营过程中注重领导才能和影响力的发挥、混合多元化经营模式的打造,为桑蚕产业的发展奠定了重要基础。

(一)前期奠定的组织和管理基础加速合作社发展

项目合作社由原织金县龙井村合作社改建成立,具有前期合作社的相应组织基础和管理基础,为合作社的运营和发展、成员的发动和管理提供了便利。改建后的合作社,在世行产业扶贫试点示范项目的支持下,积极探索"分散+集中"的生产经营模式,扩建生产厂房,新建生产基地,扩大生产规模,打造自有品牌,提高产品议价能力。良好的组织管理基础在其中发挥了重要作用。

(二)合作社理事长的领导才能和影响力助推合作社快速发展

理事长由龙井村村主任担任,在村内具有较高威望和组织能力,更加了解当地的实际情况,有助于选择适宜本地发展的产业,更好动员和联结成员。村主任作为合作社理事长，利用个人资源，为合作社找到了固定的销售渠道，解决了产品售卖难的问题。随着理事长的个人能力得到肯定，成员对其的信任度不断提高，成员的参与度也在不断提升。

（三）灵活的经营模式扩大合作社的盈利空间

合作社充分利用主营业务范围优势，尽可能降低生产成本，保持整体成本领先，最大化提高效益。除主要收入来源外，合作社还开发并售卖附加产品，将裁掉的桑树枝丫卖予生物燃料公司，增加合作社收入；将蚕砂发酵处理用于合作社柑橘作物的增肥，减少其种植成本。这些灵活的经营举措，有效帮助合作社降本增效，提高合作社经营效益。

建立盈余收益分配制度，完善多元化联农带农机制
——甘肃省渭源县五竹田园牧歌养殖专业合作社

> **案例摘要**
>
> 甘肃省渭源县五竹田园牧歌养殖专业合作社的成立时间较早，但一直发展缓慢。在世行产业扶贫试点示范项目资金和先进管理理念的推动下，创新形成养殖带动、饲草带动、务工带动、订单带动及盈余分配"五种组合拳"益农机制，建立了完善的盈余收益分配制度，不仅有效提高了养殖种植的效益，也激发了贫困户成员发展产业增收脱贫的内生动力，实现了农户与合作社的共赢。合作社案例入选"全球减贫案例征集活动"最佳减贫案例。

一、基本情况

渭源县五竹田园牧歌养殖专业合作社（以下简称田园牧歌合作社）于2012年6月注册成立，当时合作社规模和收益都比较有限。2015年

7月，按照世行产业扶贫试点示范项目合作社组建步骤和程序要求，合作社召开了成员大会进行改组，选举并产生了新一届理事会、监事会，制定、审议并通过了合作社章程及各项规章制度。改组后合作社成员390户，覆盖两个项目村。截至2021年年底，完成投资约525万元，主要采购基础母羊875只、种羊15只，建设圈舍600平方米、青贮池600立方米，主导产业为种羊繁育和商品肉羊养殖、销售。

田园牧歌合作社以改组为契机，对症分析，认真思考、长远考虑，利用项目资金改善基础设施、提升合作社经营能力，让世界银行的先进理念和合作社的实际发展相结合，开发出了田园牧歌合作社的模式。该模式很好地结合了当地优势和世行产业扶贫试点示范项目资源，通过养殖羔羊和种植牧草两个主要手段，合作社进行统一管理、技能培训和回收，有效提高了养殖、种植的效益，实现了合作社农户与合作社的共赢。根据项目的规范要求，田园牧歌合作社建立了完善的盈余收益分配制度，提高了农户参与合作社经营发展的积极性，有效促进了当地的经济发展，荣获"全球减贫案例征集活动"最佳减贫案例之一，并收录进南南合作减贫知识分享网站——中外减贫案例库及在线分享平台。

二、主要做法

在世行产业扶贫试点示范项目的推动下，田园牧歌合作社立足本地的资源优势，探索出了"五种组合拳"带农模式，具体分为以下几个方面。

发展农民合作社的新探索
——世行贷款贫困片区产业扶贫试点示范项目案例集

（一）养殖带动

合作社通过与有养殖意愿的成员签订养殖带动协议，向成员投放一只基础母羊，成员每年向合作社返还一只 3 月龄的羔羊，连返 3 年，3 年后母羊归成员所有。成员除返合作社羔羊外，剩余羔羊由合作社按每公斤高于市场价两元收购。依托此类"投母还羔"模式，按基础母羊一年产 3 只羔羊计算，每只母羊每年可给成员带来 1200 元以上的收入。在养殖过程中，合作社及时邀请甘肃省农业大学高级讲师、疫病防治专家沈青义、县畜牧兽医中心研究员田建民等一批专家对养殖户成员进行集中培训和上门技术指导，进一步提高成员的养殖技术，降低养殖风险，增加养殖收入。

（二）饲草带动

对于没有养殖意愿的成员，羊只由合作社集中饲养，成员需向合作社每年无偿交饲草 1000 斤。1000 斤以外成员收割的饲草由合作社按每斤 0.3 元优先收购，充分调度农户扩大生产规模的积极性。按照每户每年向合作社交售 10000 斤饲草来计算，每户可增收约 3000 元。除了转化农户成员闲置的农作物秸秆为养殖业必不可少的饲草之外，合作社还利用本地得天独厚的纯天然、无污染野草资源（通过技术部门检验，其营养成分等同或接近于紫花苜蓿，而且带有中药材成分），并在甘肃省农科院草业研究所郎侠博士科研团队的大力支持下，破解了野草青贮的技术难题，实现了养殖业冬天也能吃到夏天青草的愿望。合作社新建占地 5 亩饲草加工车间，为当地的饲草收购、加工提供了有力的保障。

图 1　2017 年 9 月，甘肃省渭源县五竹田园牧歌养殖合作社给母羊做 B 超检查

（三）务工带动

在完成脱贫攻坚任务前，合作社对贫困户成员优先照顾，提供就业岗位，吸收他们到养殖基地和饲草加工车间就近打工，让他们从事养殖和饲草加工等工作以增加家庭收入。目前，在合作社常年务工的贫困户成员有 4 人，每人年收入达 36000 元；务工半年以上的贫困户成员有 14 人，每人年收入达 13000 元以上。

（四）订单带动

2019 年，合作社与 53 户成员签订了 203 亩青贮玉米种植合同。合作社无偿投放化肥、地膜、种子，同时以每吨 250 元的保护价收购，可使成员每亩增收 2000 元。合作社利用世行产业扶贫试点示范项目采购的青贮玉米收获机为成员提供有偿服务，收回的青贮玉米通过裹包青贮，在保证合作社养殖基地和养殖户成员的用量之外，还销往县内外。随着产量的不断增加，合作社的饲草还将向省外发展。2019 年 6 月，合作社参加了定西市畜牧局组织的"定西牧草进草原"活动,将合作社饲草产品在甘肃省甘南州牧区进行宣传,这为今后有效打开青海省、西藏自治区等地的销售渠道奠定了坚实的基础。

(五)盈余分配

合作社通过召开成员大会制定了盈余分配制度,具体为:合作社每年从利润中提取 10% 的公积金和 5% 的公益金,所剩余的利润为可分配盈余。可分配盈余的 60% 以上按成员与合作社的交易量(额)比例进行返还,40% 按成员所持股份进行分红。2017 年,合作社盈利 12.2 万元,向成员盈余返还及分红 9.66 万元;2018 年,合作社盈利 23.53 万元,向成员盈余返还及分红 20 万元;2019 年,合作社盈利 18.41 万元,向成员盈余返还及分红 15.65 万元;2020 年,合作社盈利 10.73 万元,向成员盈余返还及分红 9.12 万元;2021 年,合作社盈利 6.06 万元,向成员盈余返还及分红 5.15 万元;2022 年,合作社盈利 6.44 万元,向成员盈余返还及分红 5.15 万元。

图 2 渭源县五竹田园牧歌养殖专业合作社分红现场

三、工作成效及经验启示

田园牧歌合作社"五种组合拳"带农机制和盈余收益分配制度,激发了贫困户成员的内生动力,促进了农户参与合作社各环节、各类别生产经营活动的积极性,为实现合作社持续发展,贫困户成员持续增收、通过劳动脱贫致富奔小康创造了条件,也为世行产业扶贫试点示范项目带动效益最大化奠定了坚实基础。值得借鉴的启示如下。

一是盈余分配制度和"多劳多得"激励机制调动和激发了合作社成员的内生动力,促使成员积极参与合作社的生产经营,实现合作社持续发展、合作社成员持续增收的目标。以 2018 年盈余分配为例,合作社当年盈利 23.53 万元,提取公积金和公益金后,剩余利润 20 万元作为可分配盈余。其中按照 40% 股金分红 8 万元,60% 按成员与合作社交易量返还 12 万元。通过本次盈余分配,成员最多的分到 8522.2 元,最少的分到 622 元。

二是以项目建设为引领,以龙头企业、种养殖大户为带动,充分发挥全体成员的主观能动性,抓建示范合作社,为项目建设和合作社发展提质增效。切实发挥"能人大户"示范引领带头作用,引导合作社"避雷""避坑",背靠龙头企业的"大树",做足自身发展文章,并依托项目建设积极引入民主决策、监督和管理的合作社内部联系约束机制,传统经营模式与新兴发展理念相得益彰、两翼齐飞的格局初步显现。

三是不断提高管理服务水平,以市场的理念、经济的头脑和品牌的

发展农民合作社的新探索
——世行贷款贫困片区产业扶贫试点示范项目案例集

意识来经营,一手抓服务发展,一手抓市场营销,在"合作社+农户"的基础上,树立前瞻思维,积极向"订单农业"发展,有效降低市场风险。抢抓东西部协作等政策机遇,与东部知名企业深化拓展合作模式,顺应市场行情,将产品远销东部地区,如将甘肃的羊肉、青岛的啤酒"以物换物",推动东西优特农产品互补互惠,扩大产品知名度和盈利空间。

四是聚焦贫困群众增收、产业培育及落实项目准则、合作社规范化运行管理,持续加大对合作社的规范引导,不断完善合作社内部管理,激活合作社运营机制,及时将各类问题隐患消除在萌芽状态,确保合作社平稳、有序地进行生产经营。在项目竣工后对合作社的资产进行规范确权,确保资产不流失。

"五个统一"破解特色产业发展难题
——四川省美姑县拉里种养殖专业合作社

> **案例摘要**
>
> 四川省美姑县拉里种养殖专业合作社立足传统特色产业，主要开展花椒、美姑山羊、绵羊种养殖、销售等活动。合作社坚持以产业为先导、以成员为主体，引导村民入社，加强成员内部合作。通过选好产业，开展统一认识、统一种苗、统一管理、统一采摘、统一销售，合作社有效破解了经营发展的难题，取得了较高的运营绩效。

一、基本情况

四川省美姑县地处大凉山腹心地带。县境内山峦起伏，林木葱郁，河水青秀，资源富集。当地具有独特的地域气候优势，形成了一批传统优势产业。花椒是美姑县传统优势特色产业之一，当地所产花椒粒大饱

发展农民合作社的新探索
——世行贷款贫困片区产业扶贫试点示范项目案例集

满、色香纯正、品质优良。然而,产品虽好,但产量不高。因缺乏技术、规模和品牌,优质花椒未能为村民摆脱贫困提供有力的支持。在美姑县,包括荞麦、玉米、土豆等传统支柱产业都面临和花椒产业类似的情况。

为了改变农户单打独斗、自我摸索的传统模式,带动农民发展现代农业、实现持续稳定增收,美姑县尝试鼓励各地整合资源,实现"抱团取暖"。至2012年年底,美姑县全县注册农民专业合作社13个,其中养殖合作社6个、种植合作社7个,成员总数460人,其中农民成员454人。合作社虽然建起来了,但是大部分经营艰难,甚至存在"空壳"合作社。制约美姑县合作社健康发展的主要原因有以下方面:一是缺乏具有现代经营管理经验、市场意识强、具有开拓精神,而且懂经营、会管理的合作社管理人才;二是合作社内部管理机制和利益分配机制设置不合理,对农户没有吸引力;三是合作社的管理、运行不规范,导致无法与国家对合作社的帮扶鼓励政策对接;四是合作社自身也缺乏产业发展的启动资金和经营管理的流动资金;五是缺乏有带动能力的龙头企业和标准化的产业基地,产业规模小、产业链短、产品附加值不高;六是品牌意识薄弱,全县产品没有注册商标,也没有绿色农产品认证。

2016—2020年,利用世行产业扶贫试点示范项目在美姑县落地的契机,美姑县瞄准上述问题对合作社进行了改组重建,重新注册了10个专业合作社。其中,拉里种养殖专业合作社通过统一认识、统一种苗、统一管理、统一采摘、统一销售五个统一，取得了良好的绩效，是美姑县项目实施的良好典范。美姑县拉里种养殖专业合作于2013年8月22日首次在工商注册登记，注册资本74万元，成立时仅有成员10户43人。2016年1月28日在工商局进行变更登记，2016年8月12日再次改组重建。变更后的合作社，成员来自美姑县依果觉乡的依德阿莫村、古拖村、尔玛村3个项目村，共覆盖413户1520人，其中贫困户176户，占成员总户数的42.6%；女性成员134人（户），占成员总户数的32.44%。注册资本增加到156万元。

二、主要做法

拉里种养殖专业合作社产业包括花椒种植、半细毛羊和美姑山羊养殖产业。其中花椒是2019年项目中期调整时，考虑到养殖业周期长、风险大、技术管理要求高，经充分评估后选择增加的产业。选择花椒产业的原因如下：一是花椒在美姑县作为传统种植品种，成员对花椒种植具有一定认识；二是种植、管理、采摘需要的劳动力较少，家庭妇女也可以胜任，从而成员户可以有更多的劳动力外出务工，有效提高了成员户的家庭收入；三是凉山当地温度相对较低，不适宜种植核桃、水果等产品；四是花椒产业相对于其他种养殖业，利润率和市场价值比率相对较高，成员发展花椒种植的意愿更为强烈。

发展农民合作社的新探索
——世行贷款贫困片区产业扶贫试点示范项目案例集

（一）统一认识

部分农户对合作社的性质认识不清，以为加入合作社就是"吃大锅饭"，担心失去生产经营自主权；部分成员在短期内尚未取得明显收益，却要付出土地或资金入股，承担风险，因此对入社持消极态度，甚至有成员要求退社。为此，拉里合作社的理事长、辅导员和项目村的干部一起下乡，一家一户地做工作。他们积极回应村民关心的最为迫切、朴素的收入问题、留守老人问题，打消群众顾虑，宣扬合作社的优势和加入合作社的好处等，逐步统一了成员的认识。也因为此事，新老成员在沟通中增加了对理事长的信任度。在管理方面，合作社严格按照《中华人民共和国农民专业合作社法》和合作社《章程》管理合作社，在内部设立了合作社议事、成员管理、财务、盈余分配等各项制度，统一管理人员的思想认识，规范经营实践，坚守合作社的组建初心。

（二）统一种苗

优质的花椒苗具有根系发达、生长迅速、适应性强、生物量大、容易繁殖的特点。阿里种养殖专业合作社统一提供优质花椒种苗，以实现统一生产标准、统一技术指导、统一回收产品、统一品牌销售，从而保障产品质量和成员的公平权益。

图1 合作社组建前成员自己种植的花椒树

图2 合作社成员在技术服务咨询团队指导下种植的花椒树

（三）统一管理

根据美姑县的地理和气候情况，合作社花椒基地种植密度为110株/亩，株行距2米×3米矮化密植，每年按月对花椒树进行管理，其中3—4月种植树苗，5—7月施药和施肥，检查树的长势情况和病虫害情况，8—9月集中采收和晾晒，10—11月施肥，并在落叶后修枝、清园。在日常操作中，根据实际情况确定浇水、除草、培土、修枝、施肥和施药的时间。通过统一管理，实行规范化操作，确保花椒的产量和质量。为此，拉里种养殖专业合作社专门聘请了第三方技术服务咨询团队，负责技术指导；各村按照种植面积，从成员中选派人员成立了"花椒管护队"，负责整个合作社所有花椒树的管理和管护。花椒管护队队员在第三方技术人员的指导下严格按时间、按标准进行浇水（灌溉）、修枝、施药和施肥等。目前管护队共有10人，其中女性队员两名。每年合作社安排一定的资金用于支付技术服务咨询团队的费用和管护队工资。

图3 2022年11月技术服务咨询团队在美姑县富康合作社开展花椒冬季管理培训讲解

（四）统一采摘

农村人口大量外出务工，造成大部分农户家中缺乏劳动力，使管理和采摘成为主要问题。拉里种养殖专业合作社在种植时采用矮化密植种植，便于采摘，同时在采摘期内组织大量在家妇女、老年人成员成立专门的采摘队伍。如此，既能帮助家庭缺乏劳动力的成员户完成采摘，又能提高产量、增加收益。

（五）统一销售

拉里种养殖专业合作社采取"统一收购、统一销售"的策略。由合作社理事长牵头，理事会商定，监事会监督，确定按市场价浮动的价格标准，从成员中收购花椒，统一销售。拉里种养殖专业合作社积极拓宽销售渠道，联系收购商、带领成员参加展会、联系网上商城开展线上销售。

图4　四川省美姑县拉里合作社成员勒格石牛大姐家的花椒树

发展农民合作社的新探索
——世行贷款贫困片区产业扶贫试点示范项目案例集

图5 硕果累累的鲜花椒

三、工作成效

截至2022年年底，拉里种养殖专业合作社已种植了300亩大红袍花椒，平均亩产鲜花椒可达300～500斤，实现收入40万元，每户增加收入4000元。从成员农户和非成员农户种植的花椒对比看，成员种植的花椒比非成员种植的花椒生长快、长势好。与拉里种养殖专业合作社类似，其他基于世行产业扶贫试点示范项目契机开展重组的合作社，在成员数量、村民参与度、登记管理、项目论证选择、种养殖规模、设施配套、人员培训、产品质量、利益分配等方面也明显高于非项目合作社平均水平。

四、经验启示

（一）重视领导团队的组建，给予成员信心

当合作社发展遭遇困境，团队领导班子的作用就愈加凸显。拉里种养殖专业合作社在改组之初面临着一系列的困难，其中的难点之一是做通群众工作。合作社理事长能够团结带领班子成员，发动村民，打动群众。经历过成立之初的成员退社风波之后，合作社的新老成员都对理事长愈加信任，这为合作社后续发现奠定了坚实基础。

（二）实行民主管理，提高成员的参与度

拉里合作社严格按照规章制度进行管理，重要决策都会进行民主商议。这增进了成员对合作社的感情，使其明白合作社的决策都是大家集体决定的，同时在成员和合作社之间建立了唇齿相依的利益关系，真正做到成员和合作社一条心。

（三）五个统一，提升合作社的发展水平

统一认识不但让成员明白了合作社的好处，更让大家明白了团结的重要性；统一种苗、统一管理和统一采摘让成员看到了合作社为大家提供服务和帮助；统一销售既增加了成员的收入，又降低了销售成本，使成员真切体会到加入合作社的好处。此后，群众参加合作社和参与主导产业经营的积极性就更高，合作社的发展也因此更加顺畅。美姑县很多非成员农户和非项目合作社纷纷效仿，带动了美姑当地的经济发展。

整合外部资源，助力农民增收
——贵州省大方县新健富民农业发展专业合作社

> **案例摘要**
>
> 贵州省大方县新健富民农业发展专业合作社连接企业技术服务资源，聘请技术专家驻点，提高技术能力，促进标准化生产，打造了"新健富民"品牌商标，提升了合作社市场竞争能力；借力外部环境，整合外部资源，对接订单销售，提升合作社运营能力，有效帮助成员增收。

一、基本情况

贵州省大方县新健富民农业发展专业合作社为世行产业扶贫试点示范项目合作社，位于毕节市大方县羊场镇新田村，于2016年9月5日注册成立。合作社立足大方县地理环境特点和生态优势，因地制宜、扬长避短，主要从事天麻及冬荪等食用菌的种植、加工及销售，促进农业增效、农民增收。2017年，合作社获得世行产业扶贫试点示范项目支持资金 560.30 万元，其中国内配套资金 271.06 万元，世行贷款资金 289.24 万元，另有成员股金 14.2 万元。合作社覆盖卜塘、大井、余寨、营盘、安山、后山、新田 7 个村民组，共有成员 202 户，其中脱贫户 149 户，占项目区脱贫户总户数 184 户的 80.98%。合作社设理事会、监事会，其中理事会成员 7 人，理事长 1 人、副理事长 1 人、理事 5 人；监事会成员 7 人，监事长 1 人、副监事长 1 人、监事 5 人。

二、主要做法

（一）坚持共建共享的利益联结机制，充分发挥成员合力

合作社实行"集中生产、统一技术、统一加工、统一销售、按股分红、风险共担、利润共享"的管理模式，合作社成员以山林折价、现金等方式入股合作社，成为合作社成员，享受合作社盈利分红。在这种模式下，人人都是合作社的"主人"，极大地调动了成员的主体性，提高了成员的参与度，为合作社发展提供源源不断的内生动力。

（二）突出技术指导，促进标准化生产

合作社采取"公司+合作社+基地+农户"的运营模式，在组建初期，依托当地企业的帮扶，聚焦发展天麻标准化种植。当地企业重点为合作社提供原材料（种源）和技术服务，为合作社发展注入原动力。在发展过程中，合作社聘请技术专家驻社开展为期一年的指导，带领成员共同生产，解决生产技术能力弱的问题，同时指导合作社进行标准化、规模化绿色生产，着力推进品牌化建设，提升合作社市场竞争能力。

（三）积极"走出去、引进来"，借力外部资源谋发展

一是积极"走出去"。合作社共参加世行产业扶贫试点示范项目组织的市场考察6次，成功开拓了福建、湖北、湖南、云南、四川及黔东南等地天麻、食用菌的销售市场，实现订单生产；共参加世行产业扶贫试点示范项目运营管理营销培训16次，为合作社打造了"新健富民"中药材及食用菌品牌商标，积极发挥品牌效应。二是着力"引进来"。合作社积极引进运营管理理念和技术，从福建、湖北、云南、四川及贵州省内引进了合作企业，提升合作社管理及技术能力，实行品牌化订单销售；申请大方县乡村振兴局为合作社编制生产发展商业计划书，以及对合作社产品开展质量认证和有机认证。合作社坚持"人才是第一生产力"的发展理念，培养管理人才4人、技术能手24人。通过以上活动，引进先进运营管理理念，推动合作社谋发展，有效带动了项目区经济社会的发展，提升了项目区农民组织化程度。

图1 2017年10月时任世界银行东亚地区副行长维多利亚·克瓦一行赴毕节市大方县实地考察新健富民农业发展专业合作社

三、工作成效

大方县新健富民农业发展专业合作社自组建以来，项目区中药材及食用菌种植规模从2018年的300亩增加到2022年的1400亩，成员人均纯收入从2018年的9316.49元提高到2022年的12215元，其中，脱贫户人均纯收入从2018年的7892.05元增加到2022年的11416元；为当地群众提供稳定就业岗位24个，发放工资180余万元；解决当地群众就近灵活就业21000人次，发放工资325.05万元。

图2　2021年5月大方县新健富民农业发展专业合作社按交易量向成员返还盈余

四、经验启示

一要因地制宜地选择发展产业。产业选择需要依托当地的资源禀

発展农民合作社的新探索
——世行贷款贫困片区产业扶贫试点示范项目案例集

赋、产业优势和基本条件。合作社所处新田村的土壤条件适宜冬荪、天麻及蜜环菌的生长，当地天麻产品药用物质含量高、品质好，尤其是菌种很受客户欢迎，长期处于供不应求的状态，适宜选择作为合作社主导产业发展。

二要利用好外部资源，积极对接市场。利用好包括世行产业扶贫试点示范项目在内的各种培训、考察契机，加强同外部市场的联系，增强同企业的合作，破解合作社发展初期在生产、运营等方面的难题。在引入外部资源的基础上，不断提高自身发展能力，制订商业计划、培育人才、打造品牌、开展认证，以更为成熟的面貌积极对接外部市场。

三要不断完善利益联结机制。利益联结机制是合作社与成员之间建立利益共同体的方式和手段，通过利益共享将成员的利益与合作社牢牢绑在一起，成员的参与感不断提升，积极性不断提高，为合作社的发展打下坚实的基础。另外，合作社通过适时公布生产经营情况，使成员对合作社的运营有充分的了解，增强其归属感，进而提高合作社发展的内生动力。

要素赋能
——提升产业链韧性篇

人才、农业科技、品牌、组织方式等生产要素是合作社高质量运营、实现价值增值和联农带农的关键。农业农村部数据显示，2022年全国农业科技进步贡献率达到62.4%，预计2025年将达到64%。农业农村部、财政部联合印发《乡村产业振兴带头人培育"头雁"项目实施方案》，计划用5年时间培育一支乡村产业振兴带头人"头雁"队伍，带动全国新型农业经营主体形成"雁阵"。各类针对新型农业经营主体的政策都涉及如何通过要素赋能新型农业经营主体，提升运营质量。

在具体的实施中，如何将人才、技术、组织管理等要素向合作社赋能是地方合作社发展的难题。世行产业扶贫试点示范项目在实施中，坚持合作社发展的标准化、规范化，建立项目资金合作社先申请后使用并接受全程监督的准入制度，实现外部干预和内生动力激发双结合，以合作社辅导机制推进社会化服务，链接各类人才、技术、组织管理等外部资源下乡，通过改组合作社，选育带头人，激发合作社内生动力。这些都是提升合作社运营管理质量和可持续发展的关键。

项目实施以来，要素赋能效果明显。甘肃省定西市安定区弘瑞肉羊农民专业合作社在能人朱晓霞女士的带动下，充分利用项目资金和外部资源推动合作社从小到大发展壮大；甘肃省正宁县老林专业合作社持续推进老果园改造，提升果园设施化水平，提

发展农民合作社的新探索
——世行贷款贫困片区产业扶贫试点示范项目案例集

高科学种植的能力,强化合作社服务,带动成员稳定增收;岷县5家世行产业扶贫试点示范项目合作社自发组织成立了甘肃省岷县合创振兴农牧业联合社,有效解决了合作社农产品销售难、渠道窄的问题,也促进各成员社形成了以生产、加工、销售为一体的产业链条。

要素赋能和合作社内生动力结合能够有效激发合作社活力,项目探索的合作社运营辅导机制能够有效弥补合作社独立运营中规范性不足、质量不高的问题。本篇的案例展示了要素赋能对合作社的积极影响,同时也展示了要素赋能需要链接更广泛的资源和政策支持,希望对读者有所启发。

能人带动与制度建设相结合，女性领办合作社实现科学发展
——甘肃省定西市安定区弘瑞肉羊农民专业合作社

> **案例摘要**
>
> 注重女性广泛参与合作社运营是世行产业扶贫试点示范项目的创新理念之一。定西弘瑞肉羊农民专业合作社理事长朱晓霞正是这一理念的践行者。从退伍女兵到合作社理事长，她在世行产业扶贫试点示范项目的支持下，带领合作社完善内部管理制度、开展养殖技术培训、坚持种养结合多元经营的道路，推动合作社从小到大发展壮大，赢得了成员的广泛认可，也为女性参与合作社管理树立了榜样。

一、基本情况

退伍女兵朱晓霞出生于甘肃定西市安定区宁远镇李塘村，是20世纪80年代从西北大山走出去为数不多的女性。2012年，她拿出退伍费

发展农民合作社的新探索
——世行贷款贫困片区产业扶贫试点示范项目案例集

和多年积蓄，创建了定西弘瑞肉羊农民专业合作社。由于缺乏养殖经验，一路走来并不顺利，但有过当兵经历的她从未放弃。为了尽快掌握科学的养殖技术，她向书本学，向有经验的养殖户学，参加各种培训班学，通过一步步的摸索，终于熟练掌握了一套自己的养殖方法。2014年的羊价一度低迷，造成经济损失5万元，但是面对逆境她并未想过放弃，咬咬牙又坚持下来了。正因为有了她的坚持和好学，合作社逐步走上了稳定发展的道路。

2017年12月，合作社召开了成员大会，扩大成员规模并完成改组，选举产生了新一届理事会、监事会，制定、审议并通过了合作社章程及各项规章制度。改组后弘瑞肉羊农民专业合作社有成员192户，其中贫困户成员186户，占比96.8%，覆盖宁远镇李曲和贾堡两个村。合作社主导产业为种羊繁育和商品肉羊养殖，辅助产业为饲草加工和销售。合作社先后共获得项目投资387.13万元，共引进基础母羊1701只、公羊206只，修建标准化养殖圈舍1栋（316.4平方米），组织成员培训1000人次。

图1 安定区弘瑞肉羊农民专业合作社项目启动培训会

二、主要做法

（一）完善内部管理，规范健康发展

由朱晓霞理事长牵头，合作社在实践中不断总结经验，通过成员大会制定、审议并通过了合作社章程及各项规章制度，坚持用制度管人、管钱、管事，坚持"成员就是老板"的理念，通过一人一票制，实现民主选举、民主管理和民主监督。

一是健全"三会"制度。合作社成立了成员大会、理事会和监事会，通过成员大会选出理事会成员和监事会成员各3名，做到重要事项理事会、监事会联席讨论，重大事项成员大会民主表决。

二是规范财务管理制度。合作社根据《财务管理和会计核算手册》《农民专业合作社财务会计制度》《农民专业合作社会计制度》的要求，制定了相应的章程和财务管理制度，并为每个成员设立专门的账户，详细记载了成员出资额、折股份额、与合作社的交易量（额）等，同时做到财务公开，在村内主要路口进行公示。合作社严格对待财务核算，做到记账日清月结，每季度按时向县世行产业扶贫试点示范项目办报送财务报表。

三是完善利益分配制度。合作社建立了严格的公积金提取、公益金提取、盈余分配等管理制度。合作社每年进行财产清查，准确核算上年的收入、成本、费用和盈余，清理财产、债权和债务，然后按10%的比例提取公积金，按10%的比例提取公益金，最后将剩余盈余40%按

照股金、60% 按交易量（额）向成员进行分配。截至 2020 年年底，合作社总盈利额为 65.39 万元，共完成股金分红 11.66 万元，交易量返还 47.95 万元。

图 2　安定区弘瑞肉羊农民专业合作社组织成员代表现场监督合作社采购项目开标会

（二）注重科学养殖、引进优良品种

为了尽快掌握科学的养殖技术，朱晓霞理事长积极与成员进行经验交流，带领广大农户提高养殖水平。一是通过聘请专家授课、辅导员指导、向有经验的养殖户请教等方式，不断提高合作社整体养殖技术水平；二是对农户进行统一培训，或者利用闲暇时间走进成员家中向他们讲解动物免疫、品种选育、科学饲喂等方面的知识，解决成员在养殖过程中出现的难题。同时，吸取成员好的经验、好的做法，实现共同发展、共同致富。目前合作社每年培训成员 200 余人次。此外，合作社积极引进优良品种，大力支持成员发展良种羊养殖。世行产业扶贫试点示范项目实施期间引进杜泊母羊 1701 只、杜泊公羊 206 只，为当地肉羊产业品种优化发挥了重要的作用。

(三)坚持种养结合、多元化经营

部队经历和多年的经营实践锻炼了朱晓霞理事长的灵活思路和宽阔视野。经过积累总结,她带领合作社选择并坚持了种养结合、多元化经营的发展模式。该模式能够进一步有效抵御自然、市场双重风险,提高经济、生态等多重效益。合作社除了发展肉羊养殖、销售等主导产业外,还通过流转的土地种植饲草,并每年以订单的形式向成员及周边农户收购苜蓿、玉米秸秆等300多吨,受益农户达295户,有效增加了当地成员收入。合作社在养羊规模不断扩大的同时,积极向养牛产业迈进,销售肉牛、种牛也取得较好收入,牛羊兼营,优势互补。多元化经营,"不把鸡蛋放在同一个篮子中",有效降低了市场风险,保障了经济效益。实实在在的稳定收入让大家打消了最初对这位女带头人的疑虑,朱晓霞理事长大刀阔斧、雷厉风行的做法也最终赢得了群众的一致认可。

三、工作成效

自2018年世行产业扶贫试点示范项目实施以来,合作社积极抓住项目投资机遇,不断扩大产业规模,收入盈余不断提高。在产业规模方面,目前合作社占地面积10亩,流转农户土地120亩,拥有规范化羊舍5栋1100平方米、牛舍2栋306平方米,业务用房3间60平方米,草料加工棚1栋120平方米,精料库1栋80平方米,兽医室、消

发展农民合作社的新探索
——世行贷款贫困片区产业扶贫试点示范项目案例集

毒室各一间30平方米，300立方米青贮池两座，草料加工设备一套。现存栏羊360只，年出栏肉羊1500只以上；现存栏牛16头，年出栏牛犊10头以上。在经营收入方面，截至2020年12月，合作社累计实现收入565万元，实现盈余56万元，平均盈余率达到10%，其中实施世行产业扶贫试点示范项目3年来增加收入145.5万元，增加盈余21.6万元，年平均盈余率达14.85%。

四、经验启示

拥有满腔热忱、思路清晰、经验丰富的带头人朱晓霞理事长通过加强与成员的利益联结，带领成员走出了一条种养结合、精准带动的可持续发展路子。其主要经验及启示包括：一是坚持制度管理与能人带动紧密结合，带头人示范引领与民主决策监督互为补充，严格落实项目准则和合作社管理制度，为科学、规范、有效开展内部管理和市场活动奠定坚实基础。二是坚持集约高效、统一管理的生产经销原则，"统一供种"有效提高了良种化水平，"种养结合"有效保障了饲草料供应，"合作社主导外销"稳定增加培育良种促销收入、加快育肥收入，有效保障了成员利益。三是完善利益联结，有效增强了发展合力。在饲草料种植供应、种源提供、资金周转和产后销售的各个环节，合作社与成员建立了紧密的利益联结机制，成员对合作社的信任度越来越高，合作社与成员的凝聚力越来越强。

依托科学种植，打造致富"金果"
——甘肃省正宁县老林果业专业合作社

案例摘要

"要想果树长得好，树形修剪少不了"，但甘肃省正宁县永正乡的果农们当初对此半信半疑，这也是当地苹果量增价不增的原因之一。经过艰苦探索和科技赋能，正宁县老林果业专业合作社采取集中培训、巡回指导、观摩学习等多种方式，为果农提供全方位的管理技术服务。在合作社的培训带动下，越来越多的果农成为当地果业技术能手，正宁县永正镇的苹果成了"致富"金果。

"自加入合作社后，老林来给我作指导，经过交谈和实际管理，我从技术、农资投资上都得到了益处。现在我将果园托管给了合作社，该打药、上肥的时候，合作社就会通知我，省去了好多麻烦，我还可以腾出时间去发展其他产业。"正宁县永正乡堡住村的禄云川高兴地说起加

发展农民合作社的新探索
——世行贷款贫困片区产业扶贫试点示范项目案例集

入合作社以来的变化。禄云川家里有 8 亩苹果园,以前由于缺乏技术、管理不善,果园的收益一直不高。从质疑到加入合作社,他尝到了合作社带来的甜头。而在当地,与禄云川有类似经历的农户不在少数。他们成为世行产业扶贫试点示范项目合作社带动农户科学种植、稳定加工的见证人和受益者。

一、基本情况

禄云川说的"老林"是正宁县老林果业专业合作社的理事长林国玺。他是山东烟台人,多年前一次到甘肃正宁县考察的机会,让他初次品尝了高原苹果。尽管苹果味道很好,但相对烟台苹果个大、果形正、外表红润光滑的特点,正宁苹果不论是产量还是个头,都差了不少。这既让他发现正宁本地苹果有待改良的地方,也发现了正宁苹果的优势。正宁县的水、土、光照等条件都很适宜种植苹果,且当地产的苹果由于昼夜温差大,糖化度高,口感脆甜,果质硬、耐储藏的特点也很适合长途运输。一番考察之后,在正宁培育优质苹果的念头在林国玺的心里萌芽生根。

2007 年 11 月,林国玺创建了正宁县老林果业专业合作社。在经营方面,合作社对成员的苹果实行统一收购、统一销售,取得了良好的经济效益和社会效益。

图1 农艺专家对正宁县项目合作社果农进行栽植修剪技能培训

自 2017 年以来，合作社得到世行产业扶贫试点示范项目资金支持，持续推进老果园改造，加强果园设施建设，提高种植效率，强化合作社服务，带动成员稳定增收。目前，合作社有成员 326 户，其中贫困户 85 户，妇女成员 98 户。贫困户成员占项目区贫困户的比例为 82%。利用项目资金 243.01 万元，安装防雹网 110 亩，组织宣传发动，采购太阳能杀虫灯 35 盏、开沟施肥机 2 台、割草机 1 台、弥雾机 1 台、粉碎机 1 台、喷雾器 20 台、建设智能滴渗管系统 1 处、安装太阳能路灯 10 盏、砂化道路 1.5 千米。

二、主要做法

（一）完善关键种植设施，提高果园管理效率

通过投资安装果园防雹网、智能滴管系统、太阳能杀虫灯提高管理

发展农民合作社的新探索
——世行贷款贫困片区产业扶贫试点示范项目案例集

效率并减少因自然灾害,特别是冰雹导致的巨大损失,提升成员苹果树收益,由此成员年户均可增收约2100元,在当地苹果种植区域有效发挥了示范引领作用。

图2 正宁县项目合作社苹果种植园安装的太阳能杀虫灯

(二)提供技术培训和服务支持,提高农户综合收益

合作社自成立以来,与西北农林科技大学、三秦果业网站建立了长期技术合作关系。合作社拥有果业专业技术人员18人、成员141人,从果业科技培训、技术指导、果树管理等方面指导成员成为专业果业技术人才。多年来,合作社以推广技术示范为重点,采取集中培训、巡回指导、观摩学习等方式,为果农提供全方位的管理技术服务。合作社先后组织133名果农赴北京中日友好观光果园、西北农林科技大学学习培训,补贴资金20多万元,为果农免费发放果园管理技术资料5万余份,并聘请苹果小冠开心技术研发人张文和教授和三秦讲师

团专家巡回指导讲解27次，积极为果农提供优质技术服务和农用物资。合作社一方面延续在科技培训、技术指导方面的优势特长，为成员免费开展果树修剪、配方施肥、果园管理、经营销售方面的技术培训，指导成员摒弃过去粗放经营、靠天吃饭的落后观念；另一方面，向成员提供出租旋耕机、喷雾器等现代化机械设备的有偿租赁服务，收取一定租赁费作为合作社运营管理资金。合作社提供的优质高效社会化服务极大节约了农户的劳动力成本，进而使其获得更多在外务工机会与收益。

（三）创新合作模式，拓展销售渠道

合作社采取"生产在户、销售在社"的模式，以批发价直供农资给成员及贫困户，降低成员生产成本，帮助或指导成员销售产品，打造本地农产品品牌，解决果农"有产量、无销路"的难题。以合同价统一收购成员的优质苹果，组织销往四川、广东等地区，或是储藏在临近乡镇的气调库进行反季销售，销售后统一兑付成员苹果的收益。合作社还积极跟进电子商务发展浪潮，在淘宝、魔块、阿里巴巴、朋友圈等多个平台积极探索，近年来开始转战时下流行的直播销售平台，采取"品牌＋短视频＋直播"模式，帮助果农寻找产品销路。

三、工作成效

合作社坚持适度规模经营的发展路径，持续扩大基地规模，在宫河

镇现代农业示范园新增流转土地 100 亩，新栽果树 6900 株，基地总规模扩大到 190 亩，发展为正宁有机苹果生产管理新技术、新品种引进的孵化基地。持续放大品牌效应，打造的"林国玺"牌苹果商标荣获甘肃省著名商标荣誉称号，合作社被确定为正宁县建设标准化苹果示范园区实施单位。通过品牌效应带动、合作社示范引领，年销售苹果 84 吨，销售额 46 万元，累计实现收入 51.9 万元，按交易量返还盈余 28.6 万元，向成员分红 8.8 万元。根据苹果生产管理用工需要，每年带动 32 名成员参与务工，每人年均收入 6000 元左右，其中长期务工 8 人，年均收入 4.3 万元；通过土地流转带动 95 户群众每亩租金收入 1000 元。

四、经验启示

一是强化先进技术推广应用，提高农户综合收益。合作社通过技术培训提升了农户果树栽种修剪、保产减灾技术，从而有效防止了自然灾害及病虫害；通过提供机械化耕植、绿色农资使用和现代仓储等服务，不仅提升了果品质量，而且扩大了果农综合收益。

二是注重产品细节，对标知名品牌，树立产品质量目标。通过参与世行产业扶贫试点示范项目，合作社发挥本地独特自然环境优势，积极培育栽种果品口感好、市场满意度高、盈利空间大的苹果新品种，不断缩减本地农产品与知名农产品的质量差距。

三是线上线下相结合，拓展苹果销路。合作社充分发挥统购统销优势，建立完善省内外销售渠道。同时大力发展网络和电商营销，并采取延长销售周期、反季节销售等方式，应对和抵御市场风险，保障果品增值、果农增收、果业兴旺。

携手世行发"羊"财，迈入"羊"光小康路
——甘肃省古浪县振兴源养殖专业合作社

> **案例摘要**
>
> 甘肃省古浪县是传统养羊大县，但也面临着品种退化、饲养粗放、销售渠道少、价格低等多种问题。在世行产业扶贫试点示范项目"企业+合作社+农户"农业产业化联合体发展模式的引导下，东分支村的村民们在古浪县振兴源养殖专业合作社的带领下，实现了由传统养羊方式向集约化、产业化的转变，走出了一条依靠养殖实现可持续增收的新路子。

古浪县地处河西走廊东端，为古丝绸之路要冲，北邻腾格里沙漠，是青藏、蒙新、黄土三大高原交汇地带。古浪是藏语古尔浪哇的简称，意为黄羊出没的地方，地方农作物种植规模、结构、品种能够为养羊业提供丰富的草饲料资源。近年来，当地各级政府积极扶持养羊产业，如扶持羊圈基础设施建设、开展养殖技术培训和指导、县财政对农户和合

作社提供贴息贷款等。在实施世行产业扶贫试点示范项目后，当地肉羊产业发展取得新跃升，养殖合作社品种退化、粗放经营、管理不善等问题得到根本解决，带动农户收益持续增加。

一、基本情况

位于古浪县东北东分支村的古浪县振兴源养殖专业合作社成立于2014年。负责人刘德礼于1994年起承包了附近的沙漠，开展植树造林活动。随着环境的改善，当地农作物种植能为养羊产业提供丰富的草饲料资源，再加上政策扶持，刘德礼瞄准了羊产业。刘德礼半路出家，从零学起，有空就去参加乡里组织的畜牧技术培训，走访养殖大户"充电"学习。通过细心观察、不断琢磨，他逐渐掌握了羊的饲料配比、繁殖、防疫等技术，养羊的路越走越顺。

尽管如此，刘德礼领导的合作社仍存在一些养殖合作社发展中普遍存在的问题。一是品种退化，生产效益低，优良品种更新换代慢。合作社主要养殖品种为小尾寒羊杂种羊，生产性能退化，繁活率低，育肥羊生长周期长，屠宰率低。二是饲养管理粗放，饲草利用不科学，防疫、消毒设施不健全。由于缺乏规范的养殖技术，饲草青贮技术普及率低，饲养粗放，经济效益低。三是缺乏市场意识和营销手段，未能建立稳定、顺畅的销售渠道，产品销售主要靠商贩上门收购活畜，中间环节多，产品价格低，农户获利少。四是合作社经营管理水平及生产组织

发展农民合作社的新探索
——世行贷款贫困片区产业扶贫试点示范项目案例集

化程度低。合作社对农户在市场信息、技术指导、产品销售等方面的服务意识和能力不足;农户生产分散、盲目,不能联合起来应对市场,在市场中的谈判、定价权不足,进而导致产品销售价格低,抗风险能力薄弱。此外,在改组前,原合作社有10户成员,但是成员之间基本无实质性合作关系,与市场的联系主要通过当地商贩的市场活动,产品几乎全部依靠商贩销售,生产仍然处于各自分散的小农经济状态。在世行产业扶贫试点示范项目实施后,合作社不仅自身发展更加规范,对农户的带动作用也不断增强,入社的83户贫困户320人收入增长稳定,生产生活条件得到了明显改善。

图1 甘肃省古浪县振兴源养殖专业合作社品种羊饮用优质自来水

图2 甘肃省古浪县振兴源养殖专业合作社养殖的育肥羊

二、主要做法

加入世行产业扶贫试点示范项目后,新引进的"企业+合作社+农户"农业产业化联合体发展模式让村民们大开眼界,同时也增加了包括饲养员、保洁在内的数十个就业岗位。包括贫困户在内的大部分村民都因加入合作社参与项目活动而直接受益,少部分不参与项目活动的村民也因土地流转、新品种新技术应用、农业机械使用等间接受益。通过项目实施,合作社经营逐渐走上规模化、正规化、市场化道路。

一是引进优良品种进行杂交改良。以湖羊为基础母本,萨福克、杜泊为父本,进行杂交改良繁育,大力推广养殖湖羊系杂交品种,逐步淘汰小尾寒羊,加快品种改良换代步伐,建立新的品种体系,提高繁活率、屠宰率，进而提高养羊效益。

二是更新或新建羊产业基础设施。新建羊舍、青贮池、消毒室及饲料库房，采购秸秆打捆机、饲料搅拌混合机、秸秆收集机等农业机械，采购冰箱、紫外线灯具、连续注射器等防疫和消毒设备，提升合作社的硬件基础及运营效率。

三是加强生产加工技术培训及运用。大力推广运用饲草青贮、配合饲料、人工授精、疫病防治等实用技术，提升农户标准化、规范化饲养管理水平，确保肉羊品质和养殖效益。积极与其他合作社、企业联合协作实施羊肉深加工项目，提高产品附加值。

四是强化市场意识和品牌意识，提高产品市场认可度。在抢抓政府大力发展羊产业政策机遇的基础上，组建专业营销团队，主动找市场、抓销售，联合组织农户共同应对市场变化。树立品牌意识，带领农户保安全、强品质，逐步赢得市场购买主体的信任和信赖。

三、工作成效

一是益农益贫效益发挥充分。振兴源养殖专业合作社在项目支持下，引进种羊优良品种，引导贫困群众大力发展养殖业，整个产业从土种向良种，从粗放管理向精细化科学养殖转变，解决产业扶贫根本性难题。入社农户与合作社经营主体建立利益联结机制，有效增强了农户的造血功能和抗风险能力，实现了产业增效、农民增收的目标，有效改善群众的生产生活条件。在脱贫攻坚期间，入社的83户贫困户320人收入增长稳定，生产生活条件明显改善，贫困人口如期实现脱贫，为圆满完成脱贫攻坚任务发挥了助力作用。

二是经济效益发挥明显。振兴源养殖专业合作社通过品种改良，种羊生产的羔羊抗病性、存活率明显提高。肉羊育肥周期缩短、出栏加快、成本降低，平均出栏时间由10月龄左右提前到现在的3～5月龄。饲养方式由粗放型养殖向精细化科学养殖转变，规模养殖由分散饲养向养殖小区转变，发展方向由追求数量型生产向质量效益型生产转变，项目农户基本实现了良种化、舍饲化、标准化养殖。最终实现了品种改良，管理精细，成本降低，经济增效明显。

三是社会效益提升显著。振兴源养殖专业合作社加强了农户与外界的信息沟通，思想观念发生了转变，增强了接受新观念、新技术、新品种的意识，竞争能力和自我发展能力逐步提高，为项目区社会经济的可持续发展打下了坚实的基础。尤其是积极引导妇女参与项目建设活动，妇女思想观念、维权意识、参与意识、家庭角色、家庭消费等方面发生了明显变化，发挥了农村妇女积极参与生产经营的辐射和带动作用，社会效益提升明显。

四、经验启示

一是强化技术引领，努力实现"科学养羊"。通过引进优良品种进行杂交改良，推广应用饲草青贮、配合饲料、人工授精、疫病防治等实用技术，显著提升了农户标准化、规范化饲养管理水平，实现农户"科学养羊"。

二是认准规模化经营道路，实现合作社发展壮大及农户可持续增收。通过新建羊舍、青贮池、消毒室及饲料库房，配齐了秸秆打捆机、饲料搅拌混合机、秸秆收集机等农业机械和防疫消毒设备。东分支村村民们的养羊方式实现了由传统向集约化、产业化、规模化的转变，走出了一条依靠养殖促进农民可持续增收的新路子。

三是采用"企业＋合作社＋农户"农业产业化联合体发展模式，实现产业发展、农民增收、合作社壮大等多赢格局。通过主动考察和对接市场，积极与农户和其他合作社、企业联合沟通协作，互通和聚合各方优势以促进全产业链发展，如实施羊肉深加工项目以提高产品附加值，联合应对和抵御市场风险，为农户带来了切切实实的产业和务工收益。

强基础、强科技,"红苹果"变身"致富果"
——甘肃省庄浪县朱店镇赤坡果品农民专业合作社

案例摘要

"要想富,先修路"。庄浪县朱店镇新王村受地理条件的限制,机械无法入园运作,每年到了挂果期和成熟期,人工成本高成为制约当地苹果产业做大做强的重要因素之一。在世行产业扶贫试点示范项目支持下,村里的产业道路和田间设施建设得到有效改善,促进了赤坡果品农民专业合作社更好地带动农民增收。同时,合作社在规范运营、技术培训、销售渠道拓展上也不断提升,为朱店镇乃至整个庄浪县苹果产业发展起到良好的示范带动作用。

因土壤肥沃、光照充足、昼夜温差较大等苹果种植的得天独厚优势条件,甘肃省庄浪县被农业农村部划入全国为数不多的苹果优势产区县之一。庄浪县朱店镇赤坡果品农民专业合作社位于庄浪县朱店镇北部山区，于 2014 年 9 月注册成立，注册资金 114 万元。合作社主要提供苹果种植、销售、加工、运输、贮藏及农业生产经营有关的技术、信息等服务，合作社成员共 440 户，脱贫户成员 140 户，占项目区脱贫户 308 户的比例为 45.45%，妇女成员 28 户，占合作社成员比例为 6.4%。

一、基本情况

庄浪县苹果产业最早开始于改革开放初期，区别于传统粮食种植，苹果产业的发展一直处于零散种植阶段，制约苹果产业发展的主要原因在于以下几点。一是人多地少。庄浪县地处甘肃中东部、六盘山西麓，远离交通干线，作为曾经的国家扶贫开发工作重点县和全省特困片区县之一，填饱肚子是当地村民的第一需求，他们对种植苹果的兴趣不大。二是果农果园标准化管理水平较低。朱店镇发展果园起步较早，赤坡村山区果园整体发展水平相对滞后，果园管理粗放，村中优果率不足 50%，标准化果园管理方式普及率不高，苹果质量参差不齐。三是产业链条不完整。在苹果产量不断提升的同时，果品贮藏、深加工与销售等延伸链条不完善，尤其受地理条件限制，产业发展不同步。

苹果产业是庄浪县主导产业之一。合作社积极响应政府号召，抓住乡村振兴战略机遇，自 2018 年项目实施以来，在世行产业扶贫试点示范项目资金和政府配套资金的支持下，果园优质资源得到充分融合，产业规模不断扩大，2020 年合作社种植果园 1500 亩，挂果园 950 亩。果品质量的提升也带动了农户收入的增加,农户经济收入的提高又带动其入社积极性的增强。

图 1 果园中的苹果

二、主要做法和成效

(一)制定并完善相关制度,规范合作社内部管理

在世行产业扶贫试点示范项目的助推下,合作社依据《中华人民共和国农民专业合作社法》结合具体实践,制定了《赤坡果品农民专业合作社章程》及成员管理制度。依据合作社章程,举行理事会、监事会和成员大会,且要求每年至少召开 3 次。根据《世行项目财务管理和会计核算手册》和《农民专业合作社财务会计制度》有关规定编制了合作社财务制度,并安装了财务管理系统软件,建立了财务台账,聘请了专业

发展农民合作社的新探索
——世行贷款贫困片区产业扶贫试点示范项目案例集

会计人员，进一步完善项目财务管理，提高规范性。在分配机制方面，对项目投入到合作社的193.63万元资金进行折股量化，向贫困农户倾斜。为了更好提升合作社对成员的服务水平，合作社还制定了固定资产租用及收费办法，向成员提供合作社自有的园艺农机具，并就租用及收费情况进行公示，充分做到公平、公正、公开、合理，让每位成员做到心中有数。

（二）弥补生产设施短板，化解劳动力成本高难题

自合作社成立以来，苹果产业的集聚程度得到大幅提升。虽然村民的投入产出比提高了，但挂果期和成熟期的时间重叠却带来了劳动力短缺难题。赤坡村受基础设施条件限制，机械设备无法入园操作，成熟果品无法快速转运，用工成本居高不下，成为制约赤坡村苹果产业做大做强的重要因素之一。为此，合作社先后投资552万元用于弥补田间设施设备短板，改造砂化道路5千米，新建砂化道路4千米，搭建防雹网150亩，修缮田间生产便道，建成苹果交易市场一处，苹果临时储存库216平方米，购置果园农机具、植保设备等，大大改善了苹果产区的基础设施条件，在提高了农户生产效率的同时也改善了农村生活条件。

（三）强化科技支撑，促进增产增收

赤坡村拥有种植苹果得天独厚的地理条件，但苹果种植的技术一直滞后于市场需要。合作社认真查找原因，决定科学规划，用科技支撑果园建设。在建园过程中，按照因地制宜的思路，推动果园规模化、集约化生产，通过农户果园入股的方式，将部分连片果园集中起来建立生

产基地。合作社苹果种植面积从2015年的928亩增至2022年的1700亩，占全村果园面积的51.51%。面对冬季气温较低、春季地温回升缓慢，造成部分果园抽条严重、开花坐果期间容易遭受晚霜冻害的问题，合作社积极响应庄浪县林业局引进栽植寒富苹果的号召，为发展山地果园开拓了空间。在制定切实可行的产业发展规划的基础上，合作社先后花费1.66万元用于成员技术培训，邀请县果业专门技术人员，根据果园管理要求及果树生长周期，每季度为农户进行一次果园管理技术培训，提高农户果园标准化管理水平，并根据科学测土配方施肥，提升果园标准化管理成效，为农民增收和果品产业提质增效探索了新路子，在朱店镇和庄浪县苹果产业发展中起到了模范带头作用。

图2 庄浪县朱店镇赤坡果品农民专业合作社成员喜获丰收

（四）创新经营模式，共谋产业发展

以苹果为代表的初级农产品在销售时往往面临较大的市场波动风

险，进而对农户增收带来影响。为此，合作社近年来不断完善产业链，推动苹果产业深加工，健全产品营销网络，强化服务带动，多方位保障成员的基本利益与经济收益。合作社创新采用"合作社＋基地＋农户"的经营模式，本着"服务成员、共谋发展、入社自愿、退社自由、平等地位、民主管理"的原则，对内按标准统一收购和代销成员的农产品，开展存储服务；对外积极与企业加强联盟，由合作社联系镇内果品贮藏企业和果品经销公司与成员签订订单。通过合作社的组织，农户利益与合作社收益得到了充分保证，实现双赢局面。农户、企业与市场得到了有效连接，农户不仅在产前、产中、产后得到了专业的指导、技术提升，还获得了信息、物资供应便利化服务。截至2021年，合作社总收入100.035万元，皆来自产品销售收入，在提取公积金、公益金、风险金等共13万元后，全部按交易量返还分配给合作社成员，记入成员账户。

三、经验启示

一是依托项目支持，聚力补齐基础设施短板。修好修足产业路，解决了农资农具进不去、新鲜苹果运不出的难题，大幅节约了生产运输成本。创建标准化生产基地，引入机械化、规范化模式，实现规模化、集约化栽种，提高生产效率。

二是强化科学技术支撑，避免潜在风险灾害，显著提升种植效益。

合作社通过引领农户栽植更加适合当地环境气候条件的新品种，邀请农业专家科学测土配方施肥，有力提升了果园科学化栽种管理水平，提升了苹果品质，帮助农户增收，促进产业发展。

三是"合作社+基地+农户"模式带动农户稳定增产增收。合作社通过联系当地果品贮藏企业和果品经销公司与成员农户签订订单，并为农户提供栽种、维护、采摘、贮存全过程技术支持，确保农户将苹果种得好、卖得好，保障了成员的切身利益。

建立"联合社 + 合作社 + 农户"模式助力产业链发展
——甘肃省岷县合创振兴农牧业联合社

> **案例摘要**
>
> 在世行产业扶贫试点示范项目的支持下,岷县合创振兴农牧业联合社围绕合作社经营、产品销售和品牌打造,开办全县首家联合社经营的农特馆,通过多个合作社成立联合社抱团发展的模式,有效解决了合作社农产品销售难、渠道窄的问题,也促进各合作社形成了生产、加工、销售为一体的产业链条。在岷县合创振兴农牧业联合社的帮助下,各村合作社的产业覆盖面逐渐扩大,真正成为做给农民看、带领农民干、帮着农民赚的新型农业经营主体。

自项目实施以来,甘肃省定西市岷县根据世行产业扶贫试点示范项目的管理要求,聚焦合作社规范运营管理,树立成为区域示范典范的目标，组织五家项目合作社建立了岷县合创振兴农牧业联合社（以下简称联合社），解决了合作社农产品销售难、渠道窄的问题，促进了项目成果的可持续发展。目前，联合社坚持以"经营建设为主体"、以"产品销售和品牌打造"为两翼的"一体两翼"发展思路，逐步创新经营模式，拓展销售渠道，力争带动更多的合作社参与发展，产生更高的项目效益。

一、基本情况

为了解决单个合作社发展规模小、经营实力弱、市场竞争力有限等问题，岷县五家世行产业扶贫试点示范项目合作社自发组织了联合社。联合社按照《中华人民共和国农民专业合作社法》的规定进行注册登记，坚持共办、共管、共受益的原则，制定《联合社章程》，健全"三会"组织机构，建立财务管理、社务公开、盈余分配、档案管理等多项制度。联合社以服务成员、谋求成员共同利益为宗旨，实行自主经营、民主管理、盈余返还的管理模式，采取统一生产标准、统一商标品牌、统一供应原材料、统一技术指导、统一购销产品"五统一"的运营模式，充分发挥世行产业扶贫试点示范项目投入建设的优势资源，如冷库、加工生产设备、种植基地等，形成多样化的产品生产能力，有效提升了农产品附加值。在筹资方面，联合社由5个合作社及世行产业扶贫试点示范项目资金出资，项目资金出资占50%，其中项目资金折股量

发展农民合作社的新探索
——世行贷款贫困片区产业扶贫试点示范项目案例集

化到 5 个合作社带动的 328 户建档立卡户，每年按照《联合社章程》统一进行盈余返还。联合社的运行管理由县项目办监督，定期召开会议，参与核算账务，确保联合社真正发挥示范带动作用。

二、主要做法和成效

（一）创新经营模式，构建多产业融合发展链条

联合社成立后，开办了全县首家联合社经营的农特馆，五家成员社在充分销售自有产品的基础上，广泛与世行产业扶贫试点示范项目合作社及其他县内合作社对接联系，将各类种植、养殖农产品都纳入农特馆销售范围，采取签订供货协议、保底价合同收购等方式，提高各合作社农产品的供应量与销售量。通过联合社的统一销售，既解决了合作社产品的销售难题，也促进各合作社形成以生产、加工、销售于一体的产业链条。如一部分原来只靠单一生产为主的合作社，为了提升利润，开始对初级农产品进行加工包装，逐渐形成了一个个农产品品牌，带动了更多贫困群众参与到合作社的生产、加工环节。合作社的产业覆盖面逐渐扩大，成为当地做给农民看、带领农民干、帮着农民赚的经营主体。目前，联合社销售的农特产品以中药材饮片、高原牛羊肉为主，并包含蕨麻猪肉、土蜂蜜、土鸡蛋、野草莓罐头、燕麦面粉、花椒、木耳等多种农产品，有效提高了各类农产品的附加值。联合社在发展中也形成了"联合社＋合作社＋农户＋基地＋市场"的产业化经营模式，促进本

地农业产业加速从单一产业向一体化产业转变。

（二）以质量为驱动力，提升土特产价值优势

为解决合作社农产品价值低、利润不高的问题，联合社把农产品质量提升作为一项重点任务。联合社高度重视产品质量，为了联系优质的消费群体并打造联合社口碑，所有待加工和待上架的产品都由联合社理事长或理事会成员把关监督，依托现有设备进行检测，对产品进行等级分类。同时，联合社积极申报建立绿色健康、药食同源的质量可追溯体系，为农产品品质提供保证，进一步提升农产品价格，也促使各合作社在平时的生产环节中更加注重环保和规范种养植，以向农特馆提供高质量产品。

（三）致力产品创新与品牌建设，提升产品市场美誉度

合作社针对本地农产品类型单一、价格不高的问题专门进行了市场调研，通过自己购买体验、上门询问、了解消费者心理等方式，对现有农特产品进行产品开发改良，部分产品已申请专利，有效增加了农产品的附加值。如把原有的中药材饮片添加枸杞、红枣等改装成为茶类饮品，把药材饮片加工的边角废料再利用，包装成为参芪当归泡脚类保健品；对牛羊肉等产品进行分割包装，并配调味品，满足了一般家庭肉类食材量小、精致、快速烹煮的需求，得到了本地消费市场的广泛认同。与此同时，联合社陆续注册了以"合创"为主的系列产品商标、品名、外包装，积极开展品牌打造，在原有商标的基础上，将各合作社的小品牌逐渐转换为联合社的统一品牌。目前联合社"合创"品牌下的各

类产品已经逐步在本地打出名气，消费者从心理上也更加认同联合社的产品。春节期间，联合社农特馆接到大量订单，特别是得到了公航旅等大型企业的认可，配合线上天猫、京东等店铺进行多渠道推广，日销售额最高达到1.5万余元。目前部分产品已远销县外市场，深受消费者喜爱。

（四）构建市场体系，畅通农产品销售渠道

针对本地农产品市场好货卖不出去、消费者想买没有渠道的问题，联合社立足"线上+线下"双向销售的思路，积极构建产品市场体系，在原有基础上突破销售瓶颈，把好产品卖向大市场。在市场建设方面，联合社从一开始就着力改变传统地头经济的营销模式，根据市场需求和变化趋势改善和调整经营策略，建立农超对接、农企对接、电商对接等全方位、多业态营销服务体系，通过线上、线下优势互补、相互融合，拓展销售渠道，实现更高的销售收入，提升市场竞争力和占有率。在线上销售方面，联合社制定了每年两万单的销量任务，在淘宝、京东"832"等网络平台开设网店进行销售，依托抖音、快手等网络媒体进行广泛宣传，采用网络主播带货、农特馆直播销售等方式，有效拓展了产品渠道，2023年第一季度已完成线上销售3700多单，实现销售额12万元。在线下销售方面，通过日常供销、与本地大企业建立购销合作关系、农超对接等实现线下盈利，并依托东西部协作，积极将岷县农产品引入青岛市西海岸经济区，进入当地东西部协作农特馆，以期与青岛本地企业形成长期购销合作关系，进一步扩展销售渠道。

三、经验启示

一是求同存异、抱团发展，确保联合社心往一处想、劲往一处使。根据《联合社章程》，完善内部管理、财务、分配等多项制度，在实行自主经营、民主管理的基础上，又采取统一生产标准、统一商标品牌、统一供应原材料、统一技术指导、统一购销产品"五统一"运营模式，充分整合成员社基地、库室、设备等优势资源，有效提升农产品附加值，促进全产业链发展。

二是打通关节、精于细节，统筹提升生产加工效率效能。联合社经营范围涵盖蕨麻猪肉、土蜂蜜、土鸡蛋、野草莓罐头、燕麦面粉、花椒、木耳等多种农副产品，在生产、仓储、加工、销售等环节充分提高资源管理和利用效率，最大限度降低成本、提高效益。同时，把原有的中药材饮片添加枸杞、红枣等改装成为茶类饮品，把药材饮片加工的边角废料再利用成为参芪当归泡脚类保健品，对牛羊肉等产品进行分割包装并调配当地出产的调味品等做法，做到了产业融合发展、一体提升。

三是质量立身、品牌赋能，持续巩固和扩大市场覆盖范围。高度重视产品质量和标准，为联合社农产品统一创建"合创"品牌，对品牌内所有待加工和待上架的产品逐层把关、分类检测、分级销售，并积极构建"绿色有机""产品追溯"体系，促进产品美誉度和附加值同步提升。在巩固线下销售的同时，持续拓展订单销售、电商销售等渠道，不断扩大消费群体规模，成功将好产品卖向大市场。

"大手"牵"小手",产业一起走

——贵州省赤水市瑞婷婕种养殖农民专业合作社

> **案例摘要**
>
> 贵州省赤水市瑞婷婕种养殖农民专业合作社通过大户带动成员从事乌骨鸡养殖和销售,强化大户小户利益联结,充分利用当地资源,稳定后端销售渠道,增加了成员养鸡销售收入,保障合作社持久发展。

一、基本情况

赤水市瑞婷婕种养殖农民专业合作社于 2016 年 12 月 6 日注册成立。2019 年 11 月在世行产业扶贫试点示范项目支持下,当地政府牵头,积极支持合作社改建。合作社理事长是当地有名的乌骨鸡养殖大户,他带领乡亲们瞄准当地资源禀赋,抓准产业项目,依托旅游度假区天鹅堡森林公园的资源优势,开拓了稳定的销售市场,获得了良好的经济收益。

合作社改组后，成员总数 101 户，大户成员 1 户，其他农户成员 100 户，其中脱贫户成员 82 户，占项目区当年脱贫户总数 83.7%。合作社通过全体成员大会选举产生了理事会成员 5 人，其中脱贫户 1 人、女性 1 人；监事会成员 3 人，其中脱贫户 1 人、女性 1 人。

合作社获得项目资金 276.5 万元，成员自筹 21.5 万元，总投资 298 万元。其中，大户成员出资 15 万元，其他农户成员自筹 6.5 万元。赤水市项目办统一安排专业财务人员支持合作社财务管理工作，利用财务软件编制并出具财务报表，监督合作社按照投资计划使用投资资金。

图 1　贵州省赤水市瑞婷婕种养殖农民专业合作社生态养殖场景

二、主要做法

（一）利用地理优势，发展特色产业

贵州省赤水市瑞婷婕种养殖农民专业合作社位于赤水石堡乡的自然

发展农民合作社的新探索
——世行贷款贫困片区产业扶贫试点示范项目案例集

保护区内。保护区内森林覆盖率达 99%，无污染、空气清新、负氧离子含量高，适宜多种畜禽的养殖，成员基本在林区养殖乌骨鸡。项目区乌骨鸡喜食的林地虫蚁、嫩草、野生中草药等资源和独特的山泉水造就了乌骨鸡绿色生态的产品属性，其质量高于普通乌骨鸡。基于当地独特的资源优势和成员农户已有的养殖基础，合作社选择乌骨鸡这一特色产业作为主导产业发展。

（二）统分结合，大户带动小户

合作社采取统分结合经营机制。统是指合作社统一提供种苗、技术指导和收购成员产品。分是指成员独立分散养殖乌骨鸡。具体操作是合作社将驯化好的赤水竹乡乌骨鸡种苗，经过 35 天左右培育、7 次疫苗接种后，以一只 12 元的价格提供给合作社农户成员饲养。农户经过 4～5 个月的散养养殖后，根据市场行情以每斤大约 16～20 元的价格销售给合作社。合作社统一收购商品鸡后，再统一组织销售到市场。同时，合作社成员也可以自行选择合适渠道销售自己养殖的乌骨鸡。

（三）建立良好稳定的销售渠道，破解乌骨鸡季节销售不稳定问题

天鹅堡森林公园是集生态旅游、避暑度假、养生养老、森林运动等功能于一体的创建国家 5A 级大型复合旅游居住景区，度假避暑胜地，也是远近闻名的康养基地，每年夏季会吸引来自四川、重庆和本省的游客来此度假。夏季是乌骨鸡的销售淡季，合作社在天鹅堡森林公园高山旅游度假区开设销售门店、稳定销售渠道，解决了乌骨鸡"难卖"的问

题，日均可以销售200～300只，有力促进了农户增收。此外，合作社还积极扩展其他销售渠道，与深圳老黔人贸易公司等企业达成合作协定，开展订单生产，有效解决了合作社乌骨鸡的销售问题。

图2　贵州省赤水市瑞婷婕种养殖农民专业合作社养殖的乌骨鸡

三、工作成效

赤水市瑞婷婕种养殖农民专业合作社在世行贷款资金的支持下，改建后发展良好、运行平稳。在合作社的示范带动下，2020—2022年，合作社及周边养殖农户共实现销售收入1160余万元。其中，合作社营业收入61.83万元（主要为销售鸡苗收入），获得盈余11.4万元。为保证合作社持续发展，经合作社成员大会讨论，按交易量和股份向成员分配盈余3.9万元。2023年，合作社成员及周边其他农民参与养殖乌骨鸡的达到265户（其中吸引外出务工人员回乡养殖42户），年出栏乌骨鸡可达10万余只，产值800余万元。

四、经验启示

一是大户领办的合作社带动小农户共同发展有助于成员更好融入合作社。瑞婷婕种养殖农民专业合作社在组建初期，通过推选的方式，引入懂技术、会经营的"能人大户"领办合作社。专业大户不仅在生产经营上具有技术和经验优势，也拥有成熟的销售渠道，在乌骨鸡产业发展上深得群众的认可，其经营成效更容易让小农户见到实效，吸引小农户加入合作社，提升成员农户的养殖水平。同时，大户也能结合小户的生产要素，进一步壮大自身力量，实现双赢发展。

二是合作社作为经营主体有利于充分运用当地资源优势和经验优势。赤水市自然保护区良好的自然资源不仅为有机、高端、绿色的乌骨鸡养殖提供了巨大的优势条件，使产品具有较高的品质优势，也带来了广阔的消费市场，通过邻近的旅游景区，使好产品进入了好市场，实现了优质优价。合作社能将众多分散小农户联结起来，凝聚成一个经营主体发展产业、对接市场，在资源整合和利用上更高效、有力。同时，合作社经过长期的乌骨鸡养殖，积累了丰富的养殖技术，形成了规范的养殖流程，可为农户提供完善的农技服务。在合作社技术支持下，成员养殖的乌骨鸡比其他农户养殖的乌骨鸡成活率高、生长快，加上稳定的销售渠道，有效提升了成员养殖乌骨鸡的信心和盈利能力，促进当地乌骨鸡产业发展。

三是后端良好的销售渠道为合作社持续发展建立了优势条件。合作社在原有的销售渠道外，结合当地旅游资源，开发新的销售渠道，有效解决产品销售难的问题。与此同时，合作社特别注重与成员之间的利益联结，扩大成员在销售端的利益共享范围。